Le livre des 3-7 ans

FLEURUS

www.editionsfleurus.com

Sommaire

PETITS CADEAUX

DÉCORER LA MAISON

JEUX ET JOUETS

L'ANNÉE EN FÊTE

AU FIL DES SAISONS

Introduction

Ce livre propose aux enfants de 3 à 7 ans, 350 idées de bricolages à réaliser facilement en famille, à l'école ou en centre aéré.

Il est divisé en 5 chapitres : petits cadeaux, décorer la maison, jeux et jouets, l'année en fête, au fil des saisons. Chaque chapitre est identifiable par une couleur, reprise sur chaque page.

Les modèles proposés sont réalisés avec des matériaux variés : carton, papier, mousse, éléments naturels, pâte à modeler, etc., et ne demandent pas un budget élevé.
Sur chaque page, le matériel utilisé est présenté dans un encadré de la couleur du chapitre, dans un caractère très lisible : ainsi, il se détache bien et il est facilement repérable.

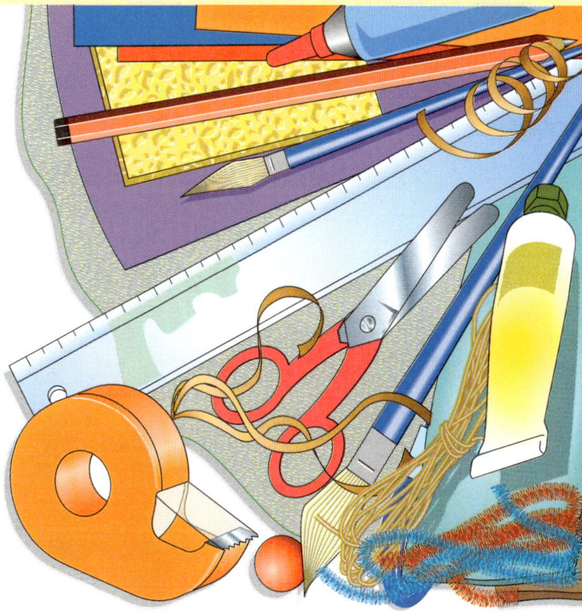

Certaines réalisations nécessitent l'utilisation d'un cutter ou d'un compas. Dans ce cas, l'intervention de l'adulte est requise. Entre 3 et 7 ans, les enfants feront également appel aux adultes pour lire les explications, pour rassembler le matériel, etc. Ils auront besoin d'aide pour certaines activités : découper, coller, peindre… et d'encouragements pour devenir plus autonomes.

Les repères

Sur chaque page, le niveau de difficulté, la durée et le coût de l'activité sont représentés par un, deux ou trois pictogrammes. Les niveaux de difficulté et de durée sont donnés à titre indicatif et dépendent de la maturité et de la dextérité de l'enfant.

MOINS D'1/2 HEURE

1/2 HEURE À 1 HEURE

PLUS D'1 HEURE

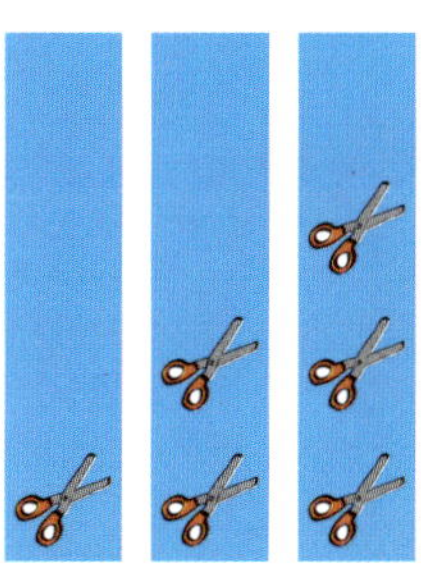

TRÈS FACILE

FACILE

ÇA SE COMPLIQUE

PAS CHER DU TOUT

PAS CHER

UN PEU PLUS CHER

Matériel et conseils

Pour réussir son activité, l'enfant doit être bien installé et bricoler sur une table. Pour éviter de salir le plan de travail, il est préférable de le protéger avec du papier journal, ou mieux un grand morceau de carton de récupération ou une toile cirée.

La « récup »

Plusieurs réalisations de ce livre proposent d'utiliser des matériaux de récupération. Penser à mettre de côté du carton et du papier d'emballage, des rouleaux d'essuie-tout, des boîtes d'allumettes, etc. pour créer des bricolages à moindre coût.

Autre matériel

Le matériel des réalisations proposées dans ce livre est facile à se procurer : papier, chenille, mousse, pâte à modeler, gommettes, etc. Il se trouve aisément dans les magasins de loisirs créatifs, les papeteries ou les grandes surfaces.

Les colles

La colle blanche vinylique rapide en bidon convient très bien pour la plupart des collages : papier, carton, tissus, éléments naturels, etc. et se nettoie à l'eau et au savon.

Pour les collages simples de papier et de carton, utiliser la colle d'écolier en bâton.

Pour la mousse et le polystyrène, utiliser de préférence une colle gel sans solvant qui ne rongera pas la matière.

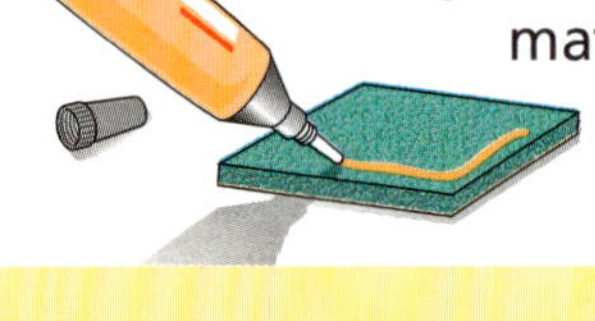

Pour les tissus et la feutrine, une colle à tissus séchera sans laisser de taches mais la colle en bidon utilisée proprement sera tout aussi adéquate.

Les peintures

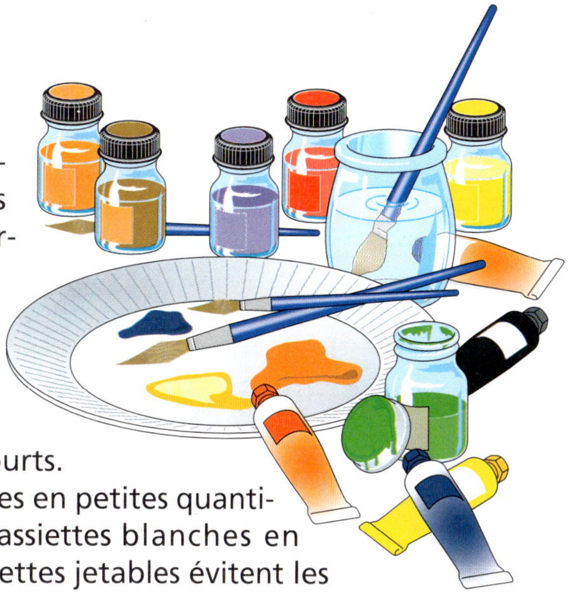

La gouache, facilement lavable, est particulièrement adaptée aux enfants. Cependant, sur le polystyrène, la terre cuite, les supports lisses ou la pâte à modeler autodurcissante, l'acrylique ou la peinture tous supports sont plus faciles à appliquer et donnent de meilleurs résultats. Conserver des bouteilles en plastique et des pots de yaourts. Recouper les bouteilles pour les transformer en pots à eau. Mélanger les grandes quantités de peinture dans les pots de yaourts.

Pour les mélanges en petites quantités, prévoir des assiettes blanches en carton. Ces palettes jetables évitent les pénibles séances de nettoyage après l'activité.

Protéger ses vêtements

Pour les activités de peinture, il est conseillé de porter de vieux vêtements ou un tablier.

Une chemise d'adulte fera l'affaire : recouper les manches, faire un ourlet assez grand et froncer en passant un élastique.

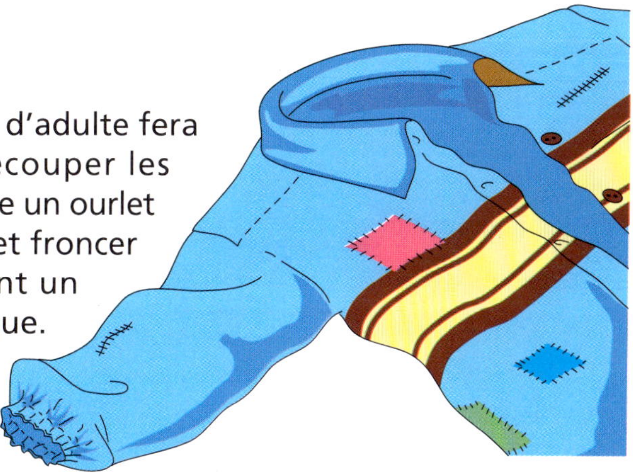

Les pinceaux

Prévoir un assortiment comprenant une brosse large pour peindre les fonds, et des pinceaux plus fins pour les détails.

Pour que l'enfant évite de placer ses doigts trop près des poils du pinceau, entourer un élastique qui lui servira de repère.

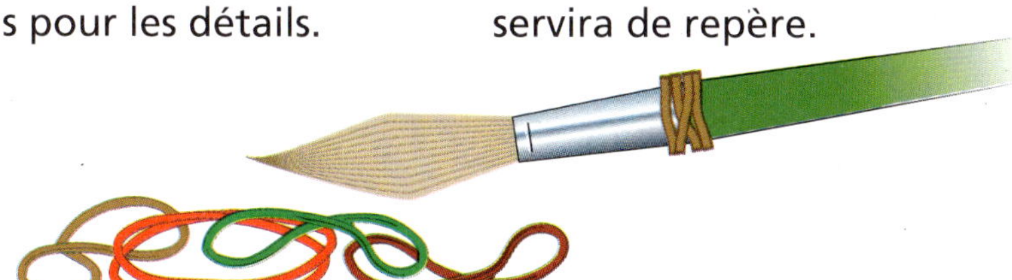

Comment reporter un patron

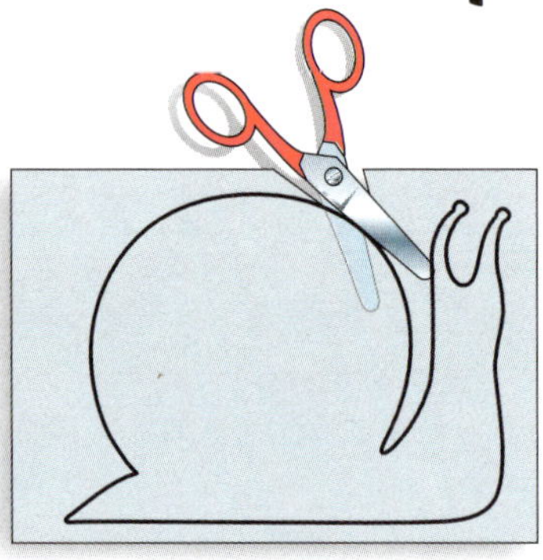

1 Poser une feuille de papier calque ou de papier très fin sur le modèle à reproduire. Au besoin, le fixer avec du scotch papier ou repositionnable. Tracer le contour par transparence ou au feutre fin.

2 Découper le patron aux ciseaux en procédant très délicatement pour les détails. Si certaines parties doivent être évidées, utiliser des ciseaux ou au besoin, demander à un adulte de les découper au cutter.

3 Poser le patron en calque ou en papier fin sur le support choisi (carton, mousse, papier de couleur, etc.). Dessiner les contours avec un crayon à papier ou un feutre fin et découper aux ciseaux ou au cutter selon le tracé.

Demi-patron

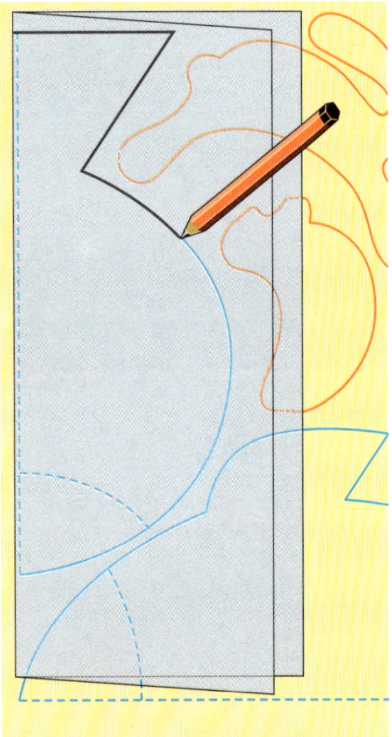

Certains modèles présentent des demi-patrons : le milieu est représenté en pointillés.

1 Plier une feuille de papier calque ou de papier très fin en deux. La poser sur le modèle à décalquer en superposant la pliure et les pointillés du patron. Tracer le contour du modèle par transparence au crayon à papier ou au feutre fin noir.

2 Découper les 2 épaisseurs de calque ou de papier en même temps. Déplier. Poser le patron sur le support choisi et tracer ses contours.

Les patrons sont donnés à taille réelle. Ils sont regroupés en fin d'ouvrage pages 234 à 255 et facilement repérables sur un fond jaune clair.

Si l'activité nécessite un patron, son utilisation et la page où il apparaît sont clairement mentionnées en fin de liste de matériel.

On peut agrandir ou réduire les patrons à la photocopieuse si l'on souhaite adapter les modèles.

Découpage

Les ciseaux

Pour les jeunes enfants, choisir des ciseaux à bouts ronds, avec lesquels ils ne risqueront pas de se blesser. Pour certaines activités, on peut remplacer les ciseaux droits par des ciseaux cranteurs ou fantaisie qui créent des découpes en forme de vagues, de festons, de dents...

Papier déchiré

Cette technique permet de découper du papier sans ciseaux et de créer des jolis bords irréguliers.

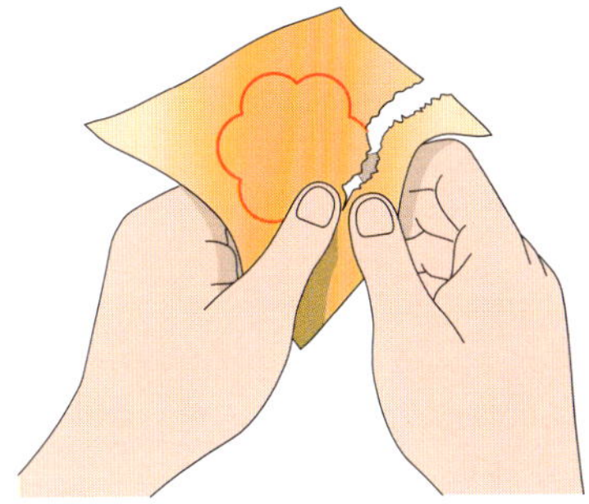

1 Dessiner au crayon à papier en appuyant très légèrement un motif simple sur un morceau de papier pas trop épais.

2 Placer le papier entre le pouce et l'index des 2 mains. Déchirer le papier délicatement en le pinçant tout en suivant le tracé.

Comment évider une forme sans cutter

Aux ciseaux
Cette méthode est possible avec différents matériaux souples comme la mousse, le papier, le métal en feuille ou les textiles.

1 Dessiner la découpe. Plier la forme à évider en deux, sans marquer le pli. Découper une petite entaille aux ciseaux.

2 Déplier. Passer le bout des ciseaux dans l'entaille. Découper normalement en suivant le tracé pour évider la forme.

Avec une aiguille à laine
Cette méthode n'est valable que pour du papier.

1 Dessiner la découpe au crayon. Poser le papier sur un torchon plié en quatre.

2 Avec une aiguille à laine faire des petits trous très rapprochés tout le long du tracé.

3 Pousser doucement avec le doigt au milieu de la forme à évider pour détacher le papier.

Modelage

Le modelage fait partie des activités préférées des jeunes enfants.

La pâte à modeler classique, la pâte à sel, la pâte à modeler ou l'argile autodurcissantes se façonnent toutes de la même manière. Pour toutes les activités de modelage, il est préférable de bien protéger le plan de travail.

Plaque : Étaler une boule de pâte au rouleau. Éviter de trop appuyer ou de faire une plaque trop fine pour pouvoir la décoller du plan de travail. On peut ensuite découper des éléments plats dans la plaque avec un couteau rond ou un ébauchoir.

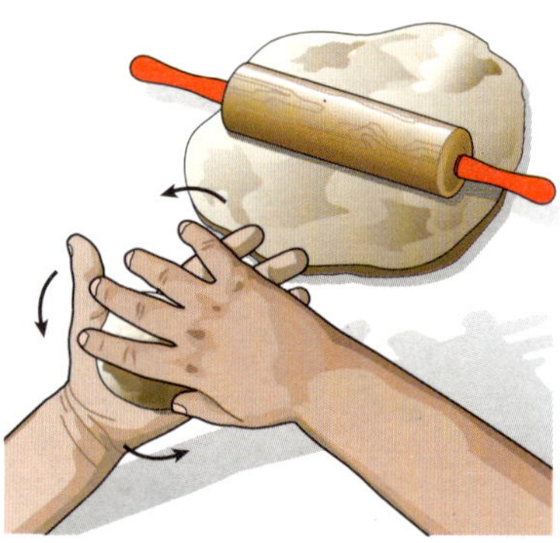

Boules et boulettes : Prélever une quantité de pâte variable selon la taille de la boule désirée. Bien rouler la pâte entre ses mains. La pâte s'arrondit petit à petit.

Boudin : Rouler un morceau de pâte sur la table avec les 2 mains.

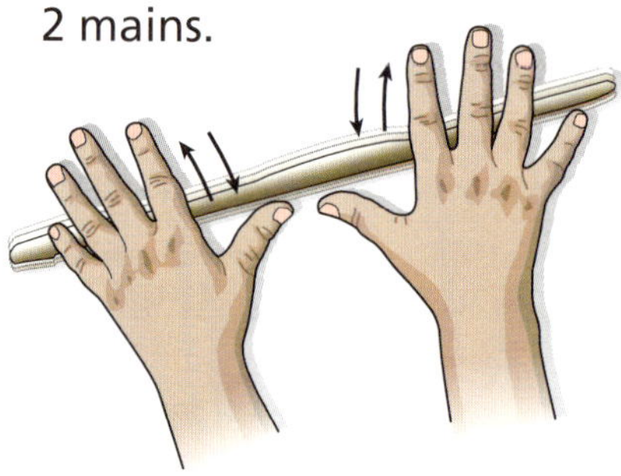

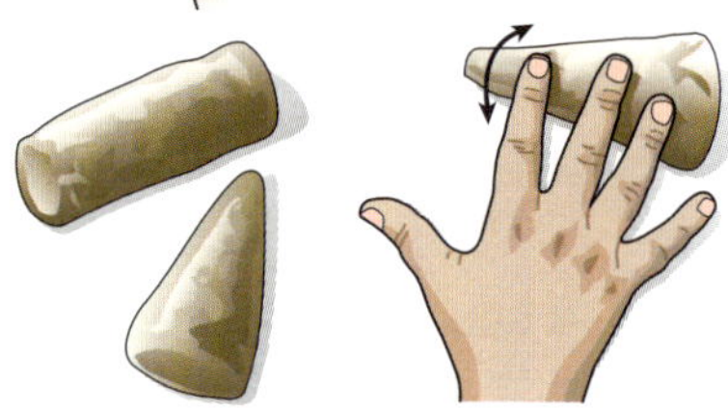

Cône : Modeler un boudin, puis continuer à le rouler avec le bout des doigts à l'une de ses extrémités.

Autres formes

On peut modeler des « cheveux » avec un presse-ail.

Pour découper facilement des formes dans une plaque, utiliser des emporte-pièce destinés à la pâtisserie ou au modelage.

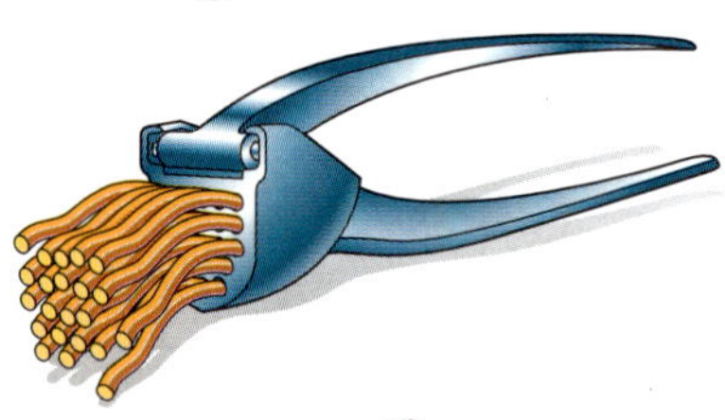

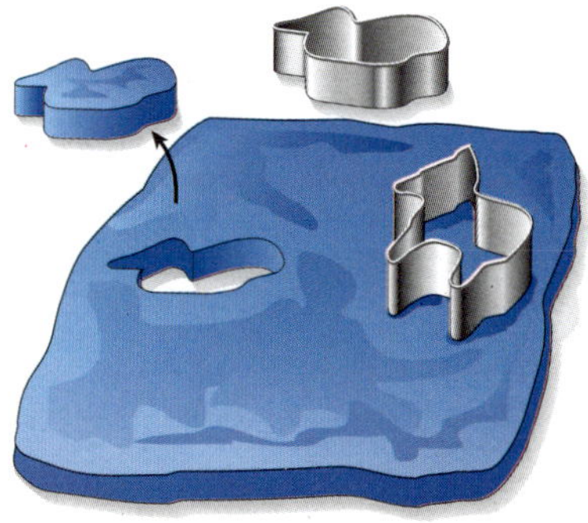

Faire des reliefs en piquant avec une fourchette ou un cure-dents. Strier la pâte avec un couteau rond.

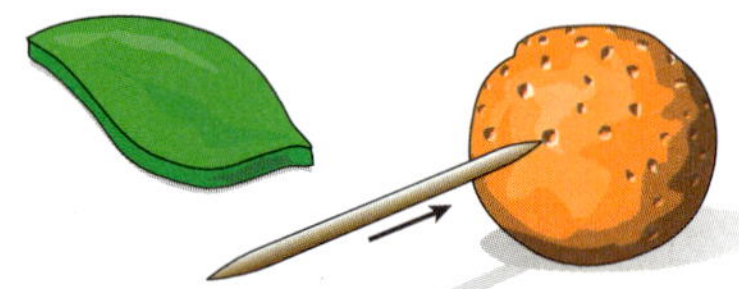

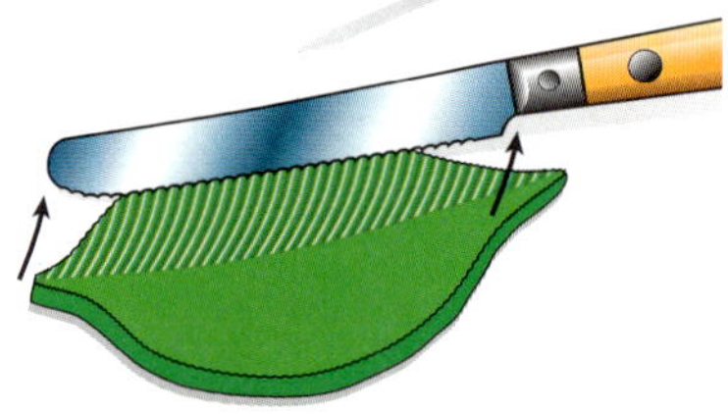

Faire des trous en utilisant une paille comme un emporte-pièce.

Assembler les formes

Avec la pâte à modeler, les éléments s'assemblent par simple pression.

Pour l'argile et la pâte autodurcissantes, et la pâte à sel, les éléments se soudent avec un peu d'eau.

Recette de la pâte à sel

Les ingrédients

S'installer sur une surface propre et bien sèche, et au besoin la recouvrir de papier sulfurisé.
Pour fabriquer de la pâte à sel, préparer :

- 2 verres de farine
- 1 verre de sel fin
- 1 verre d'eau.

La pâte

Dans un saladier, verser la farine et le sel. Ajouter l'eau petit à petit en remuant pour obtenir la consistance d'une pâte à tarte ferme et souple. Si la pâte est trop collante, rajouter un peu de farine. Si elle s'émiette, ajouter de l'eau en très petite quantité.

Les formes

La pâte à sel permet de façonner des formes comme avec une pâte à modeler classique.

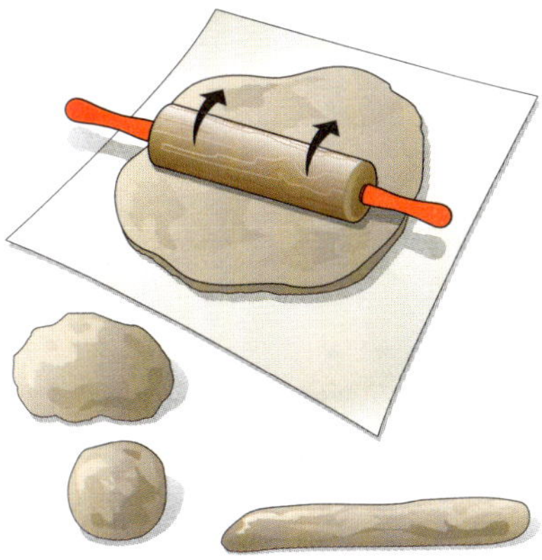

Assembler et décorer les formes

Souder les éléments avec de l'eau. L'appliquer avec un pinceau ou le bout des doigts sur les parties à assembler.

Cuire la pâte

Poser le modèle sur la plaque du four recouverte d'aluminium. Cuire à four doux de 30 mn à 2 h suivant la taille du modèle.

Colorer

Peindre à la gouache non diluée avec un pinceau large pour les grandes surfaces et un pinceau fin pour les détails. Laisser sécher entre chaque couleur.

Une couche de vernis peut être appliquée après séchage complet. Elle permettra aux objets de mieux se conserver.

Pour offrir un cadeau, tous les prétextes sont bons : un anniversaire, une fête, une preuve d'amour ou d'amitié. Voici une multitude d'idées de cadeaux pour tous les goûts et à la portée de toutes les bourses.
Avec un matériel très simple et quelques éléments de récupération, les enfants réalisent des cadeaux pleins de fantaisie, joyeux et colorés : un dragon porte-crayons en pâte autodurcissante, des tableaux en graines ou au pochoir, des petites boîtes à bijoux, des cadres en sable et même un arbre généalogique !

Ils fabriquent des cartes et des étiquettes pour accompagner leurs petits cadeaux et apprennent également à créer des emballages très originaux.

Petits cadeaux

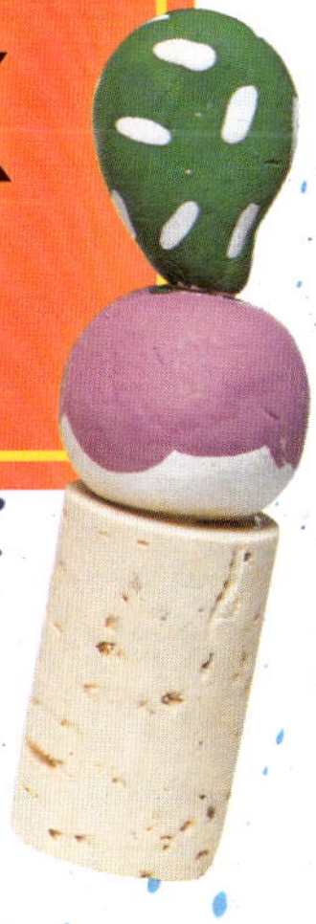

Jolis paquets

Matériel

grandes feuilles de papier de couleur, peinture, pinceaux, rouleau en mousse, palette ou assiette en carton, ciseaux, pommes de terre, couteau, scotch, raphia ou bolduc.

1 Étaler la peinture sur la palette. Imbiber le rouleau en le faisant rouler dans la peinture. Essuyez l'excédent de peinture sur le bord. Tracer des bandes sur le papier en faisant glisser le rouleau du haut vers le bas de la feuille. Pour obtenir un papier à rayures larges, espacer les bandes régulièrement. Bien laisser sécher.

3 Appliquer le tampon sur le papier en appuyant. Décorer les rayures en alternant les couleurs et les motifs. Utiliser un tampon par couleur. Laisser sécher.

4 Poser le cadeau sur le papier (face peinte contre la table) et l'emballer en laissant du papier de chaque côté selon la taille du cadeau. Fermer avec un morceau de scotch.

2 Demander à un adulte de préparer des tampons en pomme de terre. Éplucher et couper une pomme de terre en deux. Découper une « frite » carrée dans la première moitié et une « frite » triangulaire dans la seconde moitié. Déposer de la peinture au bout du tampon.

5 Replier les côtés en commençant par les rabats verticaux. Ficeler avec du raphia ou du bolduc. Finir par un joli nœud.

Cartes-cadeaux

Matériel

carton de récupération, cutter, colle, plaque de mousse, peinture, papier de couleur, ciseaux, ciseaux cranteurs, pinceaux, règle, crayon à papier, perforatrice, raphia ou ficelle.

1 Découper des rectangles de papier de 16 × 8 cm avec des ciseaux ou des ciseaux cranteurs. Les plier. Faire un trou à la perforatrice et nouer un morceau de raphia.

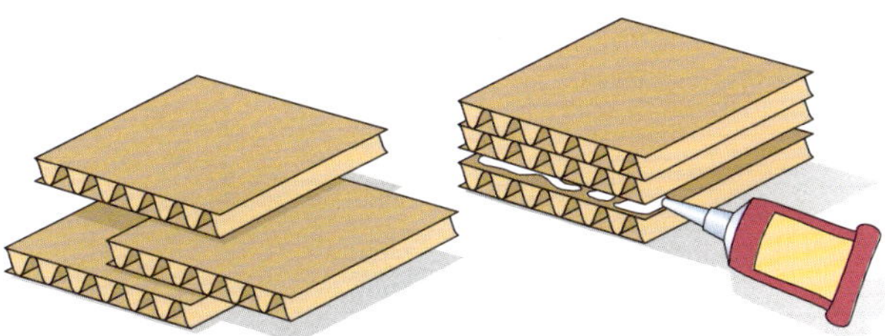

2 Demander à un adulte de découper 3 cartons de 6 × 6 cm au cutter pour chaque tampon. Les coller les uns sur les autres.

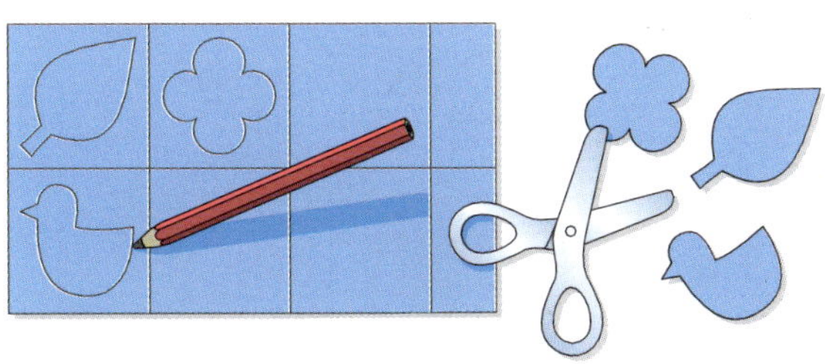

3 Tracer des carrés de 6 × 6 cm sur la mousse. Dessiner des motifs simples : une feuille, une fleur, un oiseau... Les découper aux ciseaux.

4 Découper des yeux ou des points avec la perforatrice. Évider l'aile de l'oiseau et le cœur de la fleur aux ciseaux, en pliant la forme en mousse en deux.

5 Coller les formes en mousse au centre des socles en carton. Laisser sécher.

6 Avec un pinceau, enduire chaque tampon de peinture non diluée. Le presser fermement, sans bouger, sur une étiquette pour imprimer le motif. Utiliser une couleur par tampon.
Remettre de la peinture avant de tamponner à nouveau.

Boîtes colorées

Matériel

boîtes de récupération (d'allumettes, à fromage...), peinture blanche, pinceau, colle, papier de couleur fin, règle, ciseaux, ciseaux cranteurs, crayon à papier.

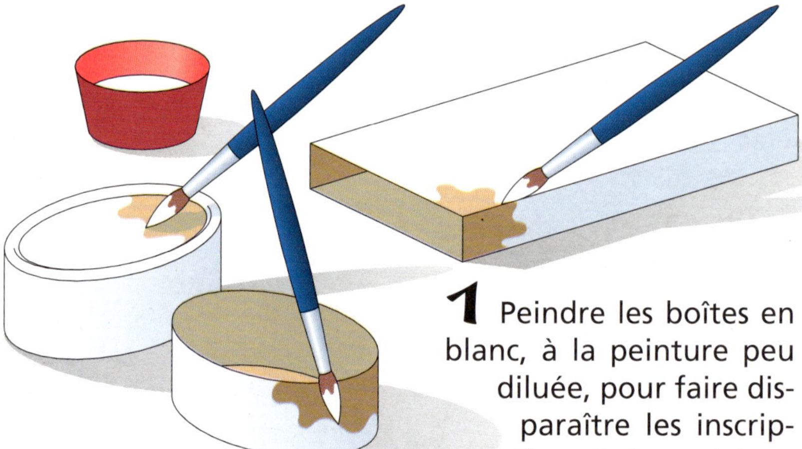

1 Peindre les boîtes en blanc, à la peinture peu diluée, pour faire disparaître les inscriptions. Laisser sécher.

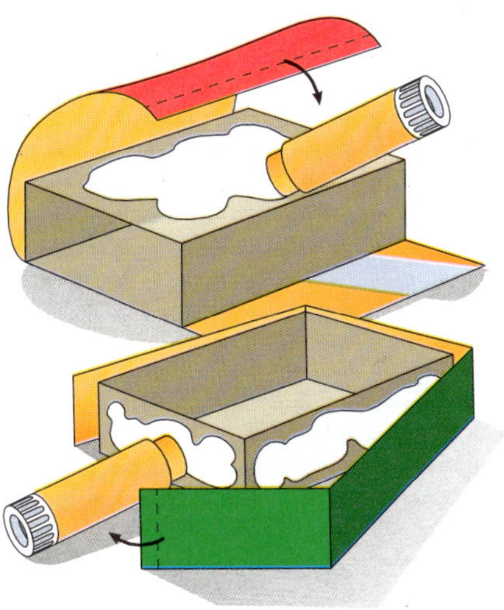

2 Pour les boîtes rectangulaires, mesurer et découper un rectangle de papier pour recouvrir la boîte. Ajouter 1 cm pour pouvoir superposer le papier à la jointure. Préparer une bande pour recouvrir le tiroir de la boîte de la même manière. Coller le rectangle et la bande de papier sur la boîte et le tiroir.

3 Pour la grande boîte, dessiner des fleurs et les découper. Les plier en deux pour évider le cœur. Les coller sur la boîte. Ajouter des petites feuilles.

4 Décorer les petites boîtes avec des bandes ou des formes géométriques découpées aux ciseaux droits et aux ciseaux cranteurs, ou avec des motifs déchirés dans le papier.

5 Pour la boîte ovale, déchirer des petits morceaux de papier de différentes couleurs et les coller sur toute la surface du couvercle de la boîte.

Enveloppes

Matériel

carrés de papier de couleur de 15 à 22 cm de côté, chutes de papier de couleur, règle, crayon à papier, colle, gommettes, peinture ou feutres, pinceaux, ciseaux, patrons page 234.

1 Sur un carré de papier de couleur, tracer légèrement au crayon à papier 2 lignes qui partent des coins et qui se croisent, pour trouver le milieu.

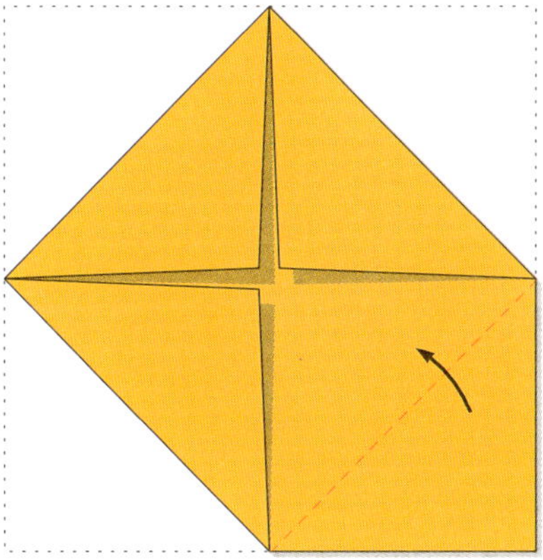

2 Rabattre les 4 coins vers le milieu pour former l'enveloppe. Bien marquer les plis avec le doigt.

4 Décorer le dessus de l'enveloppe avec une tête de chat, de chien ou d'ours, ou avec un petit animal rigolo. Reporter les différentes parties du patron de l'animal choisi sur du papier de couleur.

5 Découper les éléments aux ciseaux ou les déchirer délicatement selon les contours. Coller l'animal sur l'enveloppe. Décorer l'enveloppe en peignant des pois, des traits, des spirales, etc.

3 Découper ou déchirer un motif dans du papier. Coller le motif pour assembler trois côtés. On peut remplacer le motif de papier par une gommette.

Bijoux tout fous

Matériel

pâte à modeler autodurcissante, peinture, pinceaux, 1 m de lacet de couleur, fil élastique, brochettes en bois, boîte à chaussures, vernis (facultatif).

Retirer ces bijoux avant de se laver ou de se baigner, car ils ne résistent pas à l'eau.

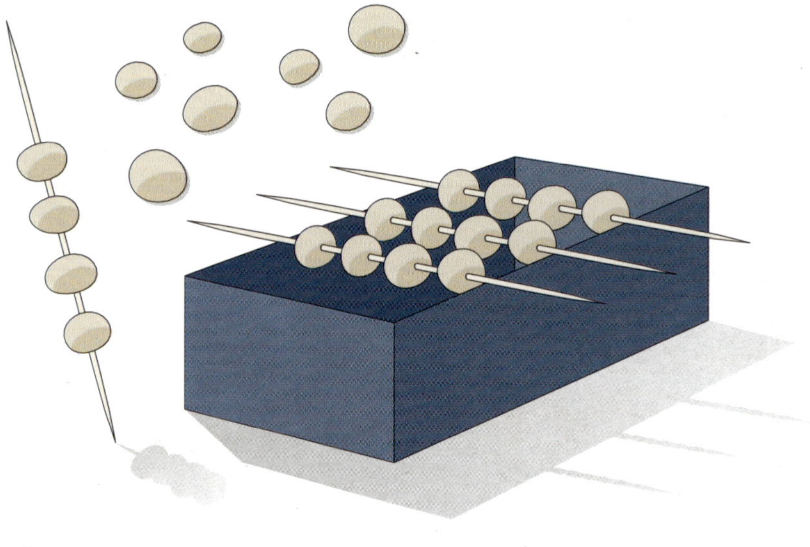

1 Façonner les perles en modelant des petites boules de pâte. Piquer les perles sur les brochettes et les faire sécher environ 24 h en les posant en travers de la boîte.

2 Peindre les perles d'une couleur unie, sans les retirer des brochettes. Laisser sécher.

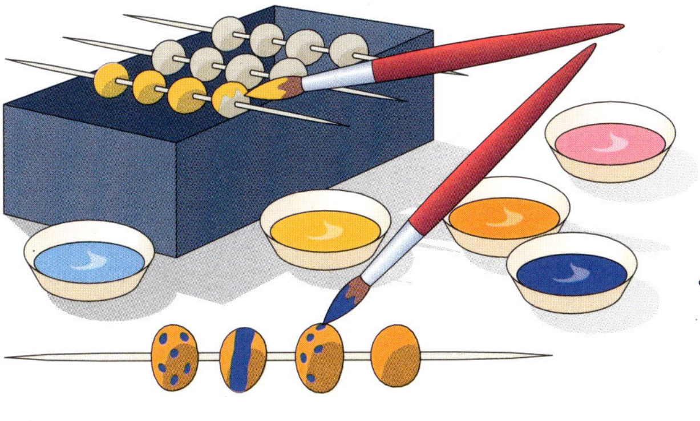

3 Dessiner des pois ou des lignes avec des couleurs différentes. Bien laisser sécher. Vernir (facultatif). Laisser sécher une nuit. Retirer les perles des brochettes en les tournant doucement.

4 Pour les bracelets, enfiler les perles sur l'élastique jusqu'à la longueur désirée. Terminer par 2 nœuds l'un sur l'autre sans trop tendre l'élastique.
Le recouper.

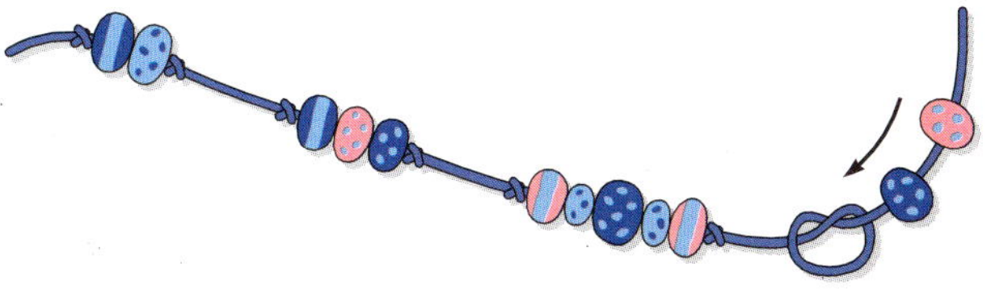

5 Pour le collier, enfiler quelques perles au milieu du lacet. Faire un nœud de chaque côté. Continuer à enfiler des perles des deux côtés en faisant un nœud avant et après.

Animaux rigolos

Matériel

peinture au doigt ou gouache de différentes couleurs, pinceau, palette ou assiette en carton, scotch, papier épais de couleurs claires, chiffon, eau, savon.

1 Scotcher la feuille de papier aux 4 coins sur une table.

2 Utiliser la peinture non diluée. Peindre sa main ou une partie avec un pinceau. Demander de l'aide à un adulte. Appliquer sa main sur le papier. Bien laver et sécher la main avant de renouveler l'opération.

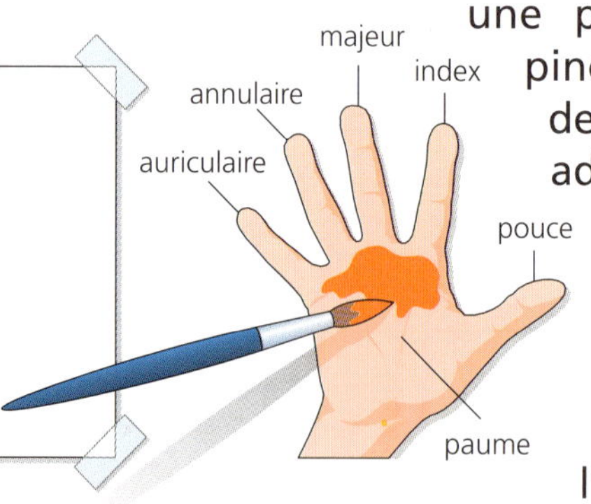

Poule

1 Peindre entièrement la main et l'appliquer sur la feuille. Laver et sécher la main.

2 Peindre le côté extérieur de l'auriculaire, et l'appliquer quatre fois pour chaque patte, et une fois pour le bec. Rajouter de la peinture entre chaque application.

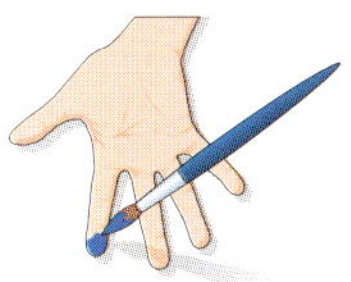

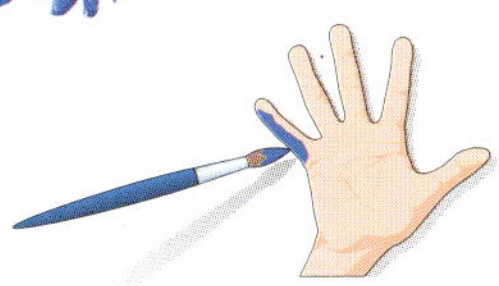

3 Peindre le bout de l'index et l'appliquer cinq fois pour la crête, les barbillons et le cou.

Papillons

1 Peindre l'index et l'appliquer pour représenter le corps.

2 Peindre et appliquer deux fois le bout du pouce pour les ailes supérieures et le bout de l'index pour les ailes inférieures.

3 Peindre et appliquer deux fois le côté de l'auriculaire pour les antennes.

Pochoirs amusants

Matériel

papier blanc fort, papier de différentes couleurs, vieille brosse à dents, palette ou assiette en carton, peinture, crayon à papier, scotch, ciseaux, colle, patrons page 236.

1 Reporter le patron de son choix sur le papier fort. Découper le papier du bord jusqu'au motif, puis suivre le tracé. Refermer soigneusement la fente avec un scotch. Préparer un pochoir par motif.

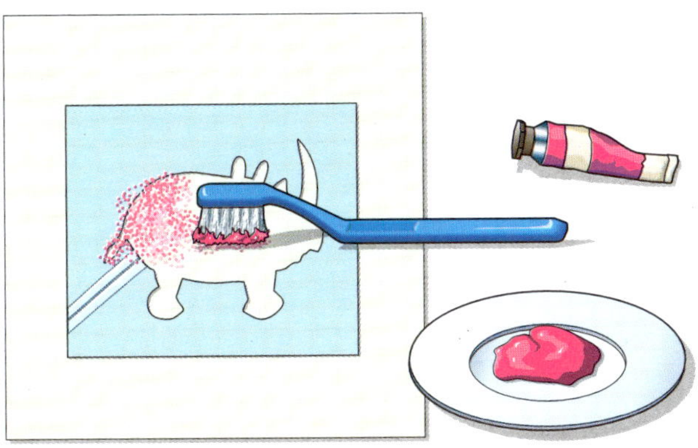

2 Tremper la brosse à dents dans la peinture non diluée. Maintenir le pochoir sur une feuille blanche avec la main libre et tamponner avec la brosse à dents avec l'autre main. Laisser sécher.

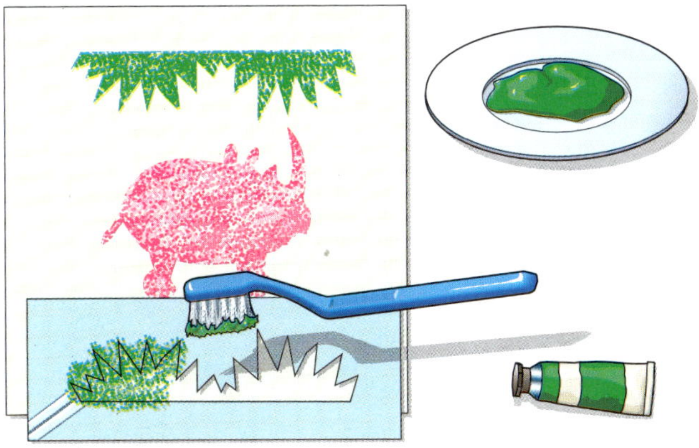

3 Procéder de la même façon pour les autres motifs en laissant sécher entre chaque étape pour éviter de tacher le dessin.

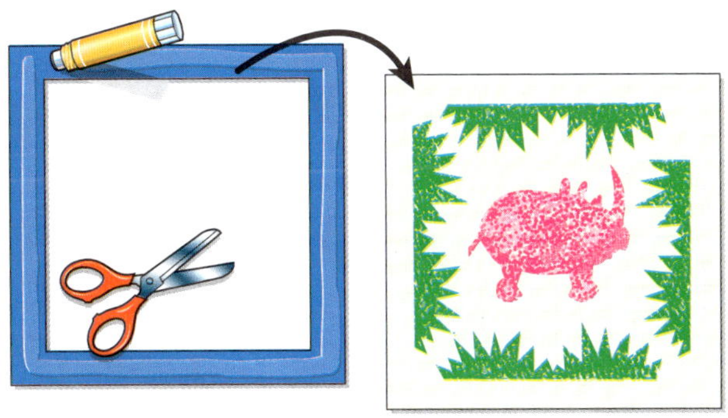

4 Recouper au besoin les bords du dessin pour équilibrer les motifs. Découper un papier de couleur aux mêmes dimensions. Évider une fenêtre et coller ce cadre sur le dessin. Laisser sécher.

On peut aussi conserver les formes évidées pour faire les pochoirs et tamponner autour.

Drôles de dragons

Matériel

argile autodurcissante, vieux crayon, couteau rond, peinture, pinceaux, eau.

1 Modeler deux boules d'argile : une petite pour la tête et une plus grosse allongée pour le corps. Modeler un boudin pointu pour la queue. Assembler la tête sur le corps, puis la queue au bas du corps. Souder et lisser les éléments entre eux avec une goutte d'eau appliquée au doigt.

2 Aplatir un morceau de pâte avec la paume de la main. Découper au couteau les ailes, les pattes, et les écailles. Modeler deux boulettes et deux autres plus petites puis les assembler pour les yeux.

3 Souder tous les éléments sur le dragon en les humectant et en les lissant avec le bout des doigts.

4 À l'aide du vieux crayon, faire des trous dans le dos de l'animal. Élargir les trous en tournant le crayon car la pâte rétrécit au séchage. Dessiner la bouche avec la pointe du crayon. Laisser sécher en suivant les indications du fabricant.

5 On peut peindre le dragon. Commencer par le corps. Laisser sécher avant de peindre les détails. Bien laisser sécher, puis piquer les crayons.

Cache-pots colorés

Matériel
plaques de mousse de différentes couleurs, ciseaux, ciseaux cranteurs, règle, agrafeuse, perforatrice, stylo à bille, colle.

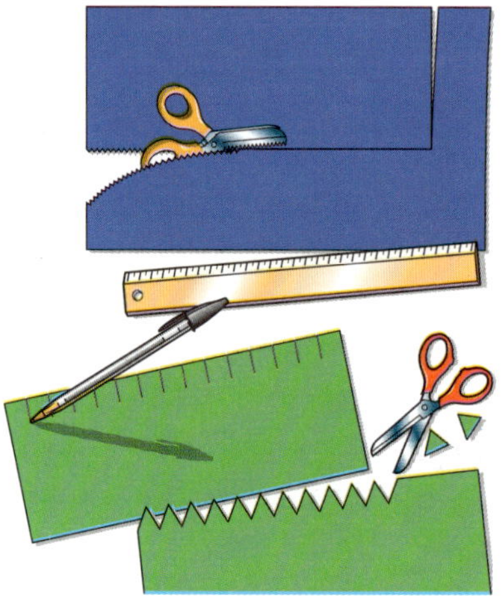

1 Mesurer un rectangle de mousse de 30 × 12 cm. Découper le rectangle avec les ciseaux droits. Pour faire des petites dents, découper un des grands côtés aux ciseaux cranteurs.
Pour faire de grandes dents en haut des pots, marquer un repère tous les 2 cm. Dessiner les dents. Découper aux ciseaux droits selon le tracé.

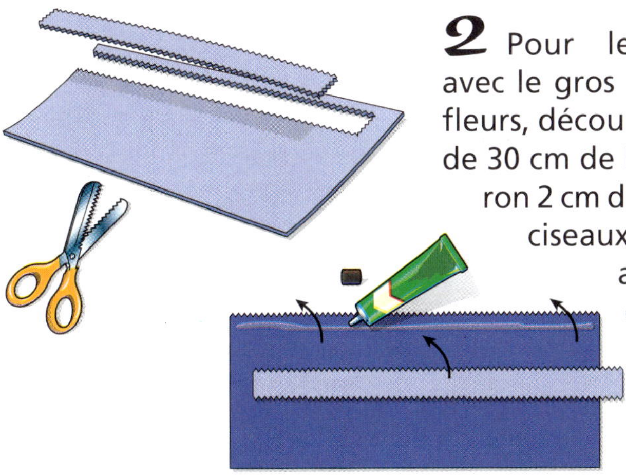

2 Pour les cache-pots avec le gros poisson ou les fleurs, découper une bande de 30 cm de long et d'environ 2 cm de large avec les ciseaux cranteurs ou avec les ciseaux droits. Coller cette bande sur le rectangle de mousse.

3 Dessiner et découper les décors dans la mousse : des poissons, des algues, des ronds pour les coccinelles... Coller les motifs sur le rectangle du cache-pot.

4 Découper et coller les détails. Les tout petits ronds sont découpés à la perforatrice. Laisser sécher.

5 Enrouler et agrafer en haut et en bas pour fermer le cache-pot.

Cadres sablés

Matériel

carton de récupération, ciseaux, cutter, règle, colle liquide et en bâton, sable coloré, papier crépon, stylo, ficelle.

Les mesures peuvent être adaptées selon la taille des photos à encadrer.

1 Mesurer puis découper 6 carrés de carton de 15 cm de côté.

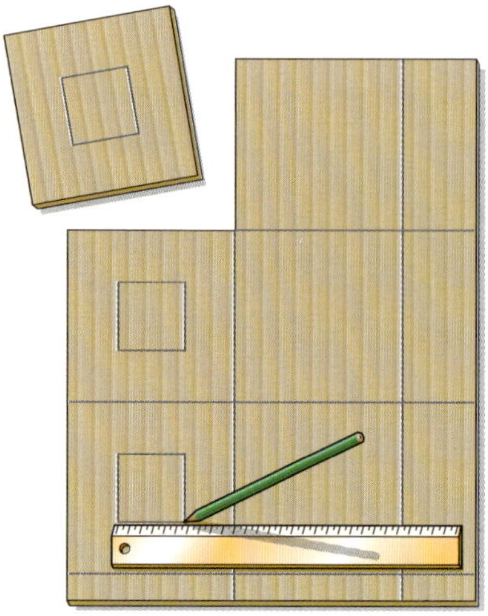

2 Demander à un adulte d'évider avec un cutter des fenêtres d'environ 6 × 6 cm sur trois des cartons.

3 Dessiner les motifs à la colle liquide. Saupoudrer de sable avant que la colle ne soit sèche. Procéder couleur par couleur. Laisser sécher.

4 Lorsque la colle est sèche, tapoter l'arrière des cadres pour faire tomber l'excédent de sable. Coller les cadres sur les fonds de carton.

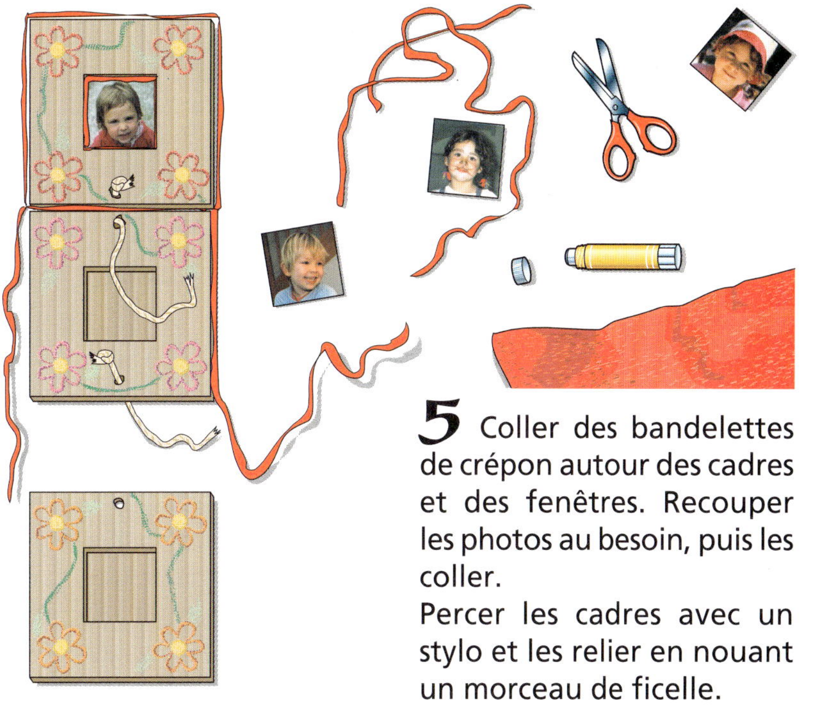

5 Coller des bandelettes de crépon autour des cadres et des fenêtres. Recouper les photos au besoin, puis les coller.
Percer les cadres avec un stylo et les relier en nouant un morceau de ficelle.

Bouchons-primeurs

Matériel

pâte à modeler autodurcissante, peinture, pinceaux, bouchons en liège, couteau rond, cure-dents, colle, eau, vernis (facultatif).

1 Modeler des boules pour les fruits ronds, un boudin pincé aux deux bouts pour la banane. Modeler le cactus à l'aide du couteau. Pour les feuilles, aplatir des boulettes et les pincer.

2 Souder tous les éléments entre eux avec une goutte d'eau appliquée au doigt. Piquer toute la surface de l'orange avec le cure-dents. Laisser sécher selon les indications du fabricant.

3 Peindre les modelages avec des couleurs vives. Laisser sécher et ajouter les détails : pois, taches… Laisser sécher.

4 Vernir les fruits et les légumes (facultatif). Bien laisser sécher. Coller les sujets sur les bouchons. Laisser sécher.

5 Demander à un adulte de recouper les bouchons si nécessaire pour les adapter à la taille du goulot des bouteilles.

Petit jardin

Matériel

pots en terre cuite de différentes tailles, peinture, vernis (facultatif), pinceau, terre ou terreau, graines : cresson, lentilles vertes, blé, etc., éponge, ciseaux, petite pelle, eau.

1 Humidifier l'éponge et la découper en petits carrés. Préparer un carré d'éponge par couleur.

2 Appliquer un peu de peinture sur l'éponge. Tamponner toute la surface du pot en terre en le laissant visible par endroits. Laisser sécher.

3 Appliquer une ou deux couches de vernis (facultatif). Laisser sécher. Le vernis n'est pas nécessaire avec la peinture acrylique.

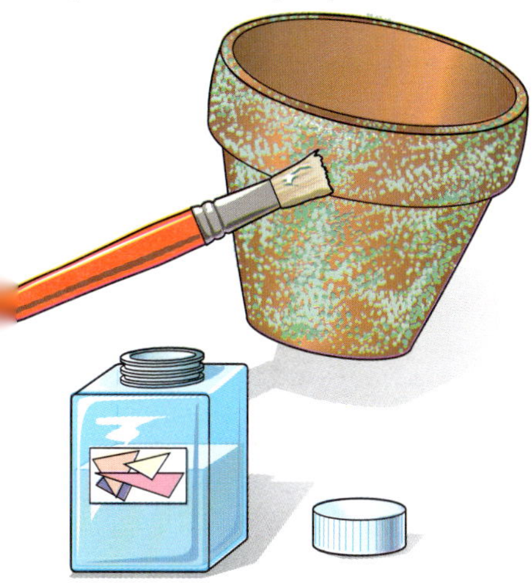

4 Vérifier qu'il n'y a pas de cailloux dans la terre et remplir les pots jusqu'à 1 cm du bord.

5 Verser quelques graines sur la terre. Poser les pots sur des coupelles. Arroser sans détremper. Placer les pots à la lumière. Vérifier tous les jours que la terre est humide, sinon arroser.

Boîtes à bijoux

Matériel

boîtes à fromages en carton, peinture blanche couvrante et de couleur, pinceaux, crayon à papier, papier crépon ou papier de soie, chutes de papier de couleur, ciseaux, colle.

1 Peindre entièrement les boîtes en blanc sans trop diluer la peinture pour faire disparaître les inscriptions. Bien laisser sécher. Peindre l'intérieur et l'extérieur de la boîte selon sa fantaisie. Laisser sécher.

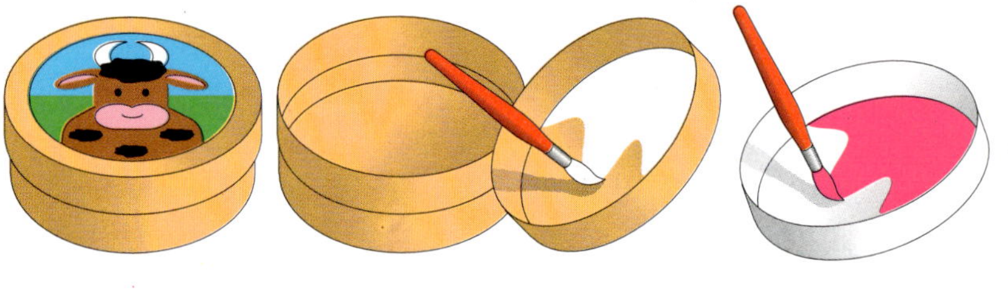

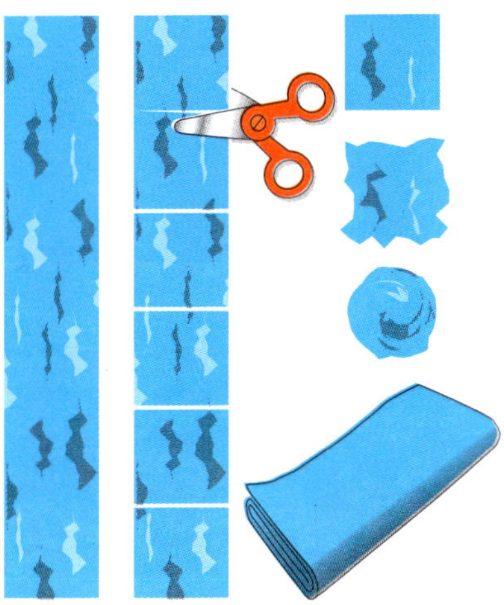

2 Découper des bandes de papier de soie ou de crépon d'environ 8 cm de large et recouper des carrés. Froisser les morceaux de papier pour former des boulettes régulières de la taille d'une noisette.

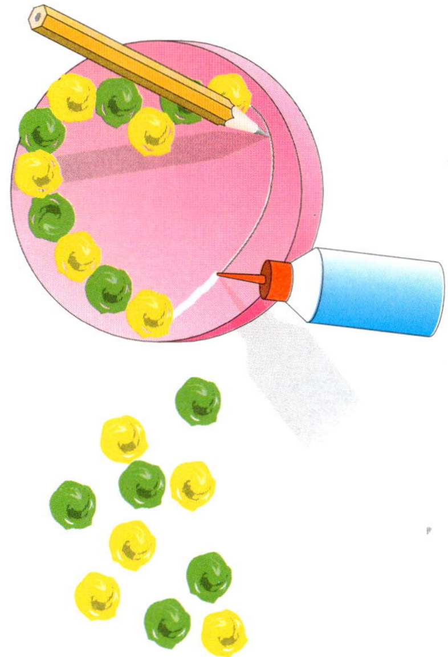

3 Dessiner un motif sur le couvercle : cœur, étoile, lignes... Coller les boulettes une par une sur le tracé.

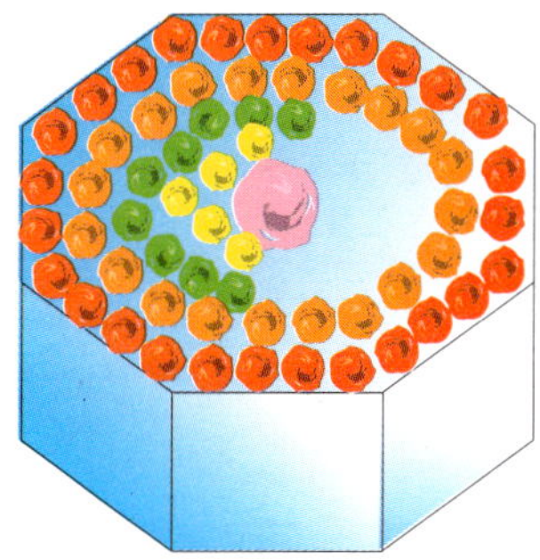

Pour la rosace, coller les rangs de boulettes en commençant par le bord. Finir par une boulette plus grosse au milieu.

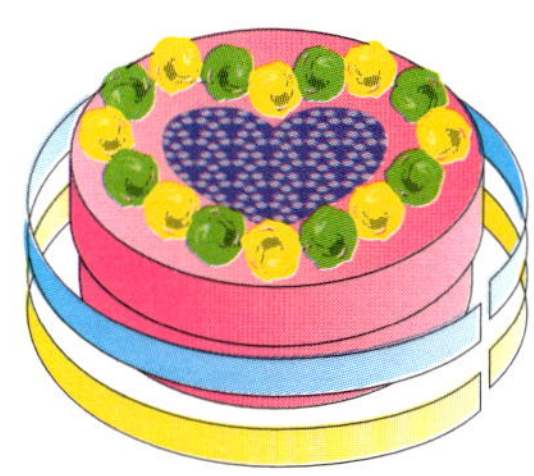

4 Finir le décor en collant quelques motifs ou des bandelettes découpés dans du papier de couleur.

Portraits-robots

Matériel
magazines illustrés en couleurs,
ciseaux,
colle,
feuilles de papier.

1 Feuilleter les magazines pour trouver un visage assez grand qui servira de support. Le coller sur une feuille de papier.

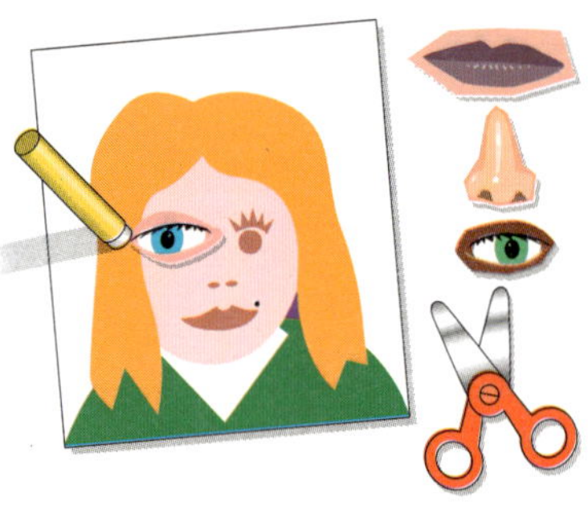

2 Découper une bouche, deux yeux, identiques ou différents, un nez. Coller ces nouveaux éléments sur le premier visage.

3 Compléter le portrait en ajoutant des oreilles, des mèches de cheveux, des belles moustaches ou des sourcils.

4 Terminer en ajoutant des accessoires : un chapeau, des lunettes, un foulard ou des bijoux. Recouper la feuille de papier autour du portrait si nécessaire.

Portrait de famille

Matériel

rectangle de carton de 35 × 28 cm, 1 feuille jaune et 1 feuille verte de 35 × 28 cm, chutes de papier de couleur, ciseaux, assiette d'environ 35 cm de diamètre, colle, règle, crayon à papier, photos d'identité.

1 Coller la grande feuille jaune sur le rectangle de carton.

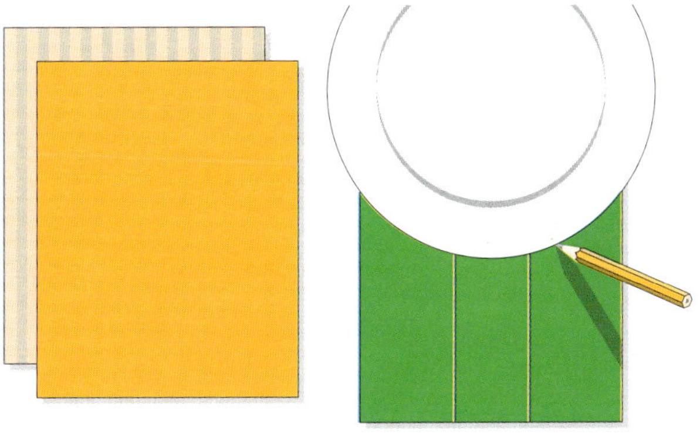

2 En haut de la feuille verte, tracer un demi-cercle en s'aidant de l'assiette, pour figurer le bas du feuillage. En dessous, dessiner un tronc de 8 cm de large, jusqu'au bas de la feuille.

3 Découper et coller l'arbre sur le fond. Dans du papier de différents verts, déchirer des feuilles. Coller les feuilles sur l'arbre.

4 Dessiner des fleurs et des tiges, puis déchirer le papier en suivant les contours. Coller les fleurs de chaque côté de l'arbre.

5 Coller les photos d'identité de toute la famille : les grands-parents tout en haut, les parents en dessous et les enfants sur le tronc. Ajouter les animaux familiers ou les copains sur les côtés.

L'arbre peut être adapté pour pouvoir coller la photo de ses beaux-parents, de ses oncles et tantes ou de ses arrière-grands-parents, etc.

Graines collées

Matériel

carton, règle,
crayon à papier,
graines diverses,
colle liquide,
petite cuillère
à manche droit,
vernis (facultatif),
vieux pinceau.

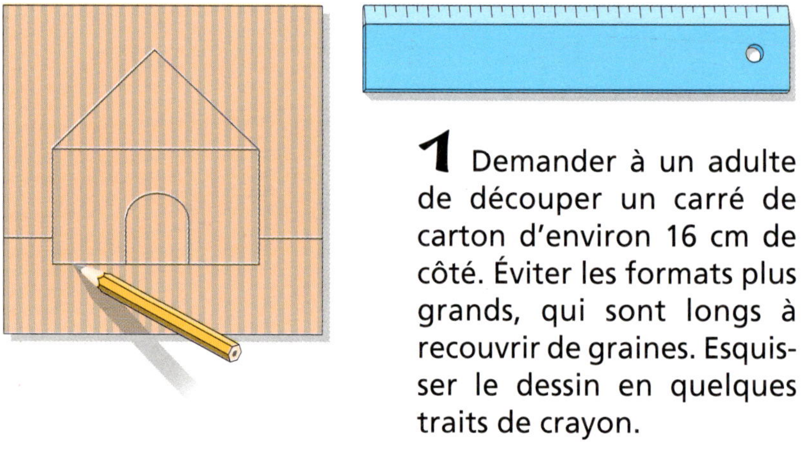

1 Demander à un adulte de découper un carré de carton d'environ 16 cm de côté. Éviter les formats plus grands, qui sont longs à recouvrir de graines. Esquisser le dessin en quelques traits de crayon.

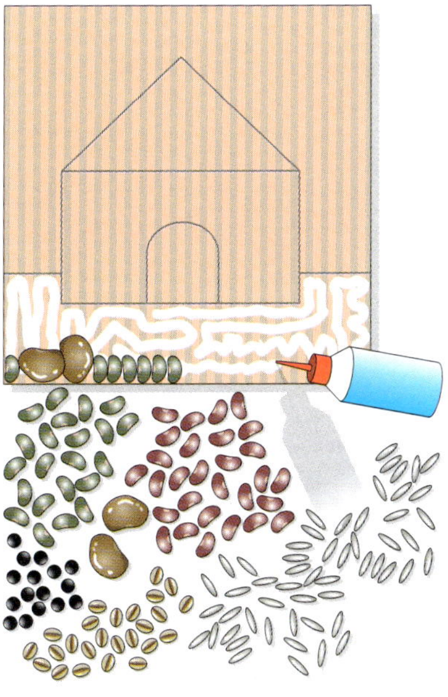

2 Étaler une couche de colle sur la première zone à recouvrir. Disposer les graines en les serrant pour bien recouvrir le carton.

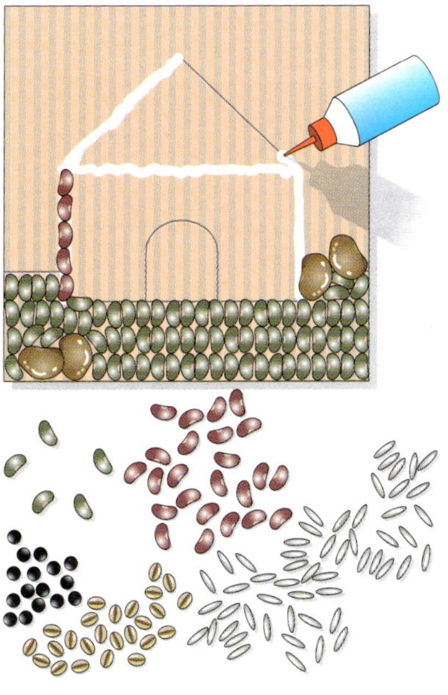

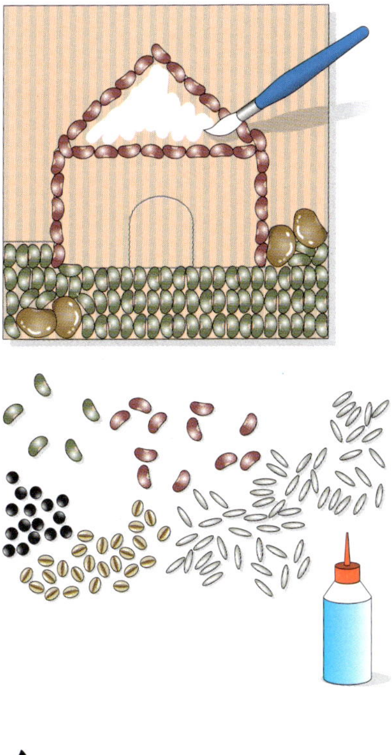

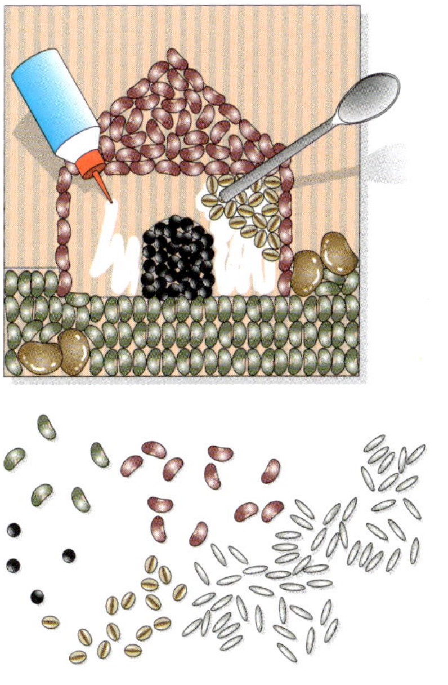

3 Continuer à encoller et à disposer les graines au fur et à mesure. Coller côte à côte des zones de graines de couleurs différentes pour que le dessin ressorte bien.

4 Pour bien étaler la colle dans les zones les plus petites ou dans les coins, on peut utiliser un vieux pinceau.

5 Avec le manche d'une petite cuillère, bien incruster les petites graines dans la colle. Laisser sécher. Retourner le carton pour enlever le surplus de petites graines. Vernir (facultatif).

Pense-bête

Matériel
carton de récupération,
5 ou 6 pinces à linge en bois,
peinture, brosse et pinceaux,
crayon à papier, colle, règle,
ciseaux.

1 Avec une règle et un crayon à papier, tracer un rectangle de 35 × 45 cm sur le carton de récupération. Le découper aux ciseaux.

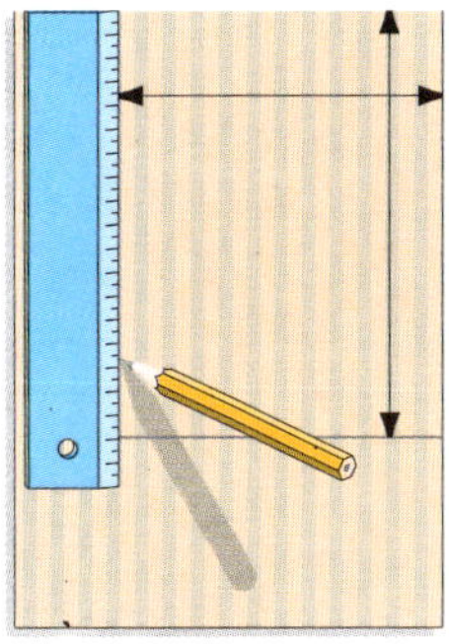

2 Poser une pince à linge sur le carton. Tracer son contour au crayon pour dessiner le corps d'un papillon. Retirer la pince et dessiner les ailes.

3 Dessiner tous les papillons et une coccinelle. Ajouter une ligne pour séparer le ciel et la terre. Dessiner un brin d'herbe autour d'une pince.

4 Avec une brosse et de la peinture peu diluée, peindre les ailes des insectes, le ciel et l'herbe. Laisser sécher. Avec un pinceau, peindre les têtes, les antennes et les pois de la coccinelle. Laisser sécher.

5 Peindre les pinces à linge. Placer un petit carton dans la pince à linge pour éviter de se salir les mains. Laisser sécher. Coller les pinces sur le tableau en plaçant l'ouverture à l'opposé des têtes.

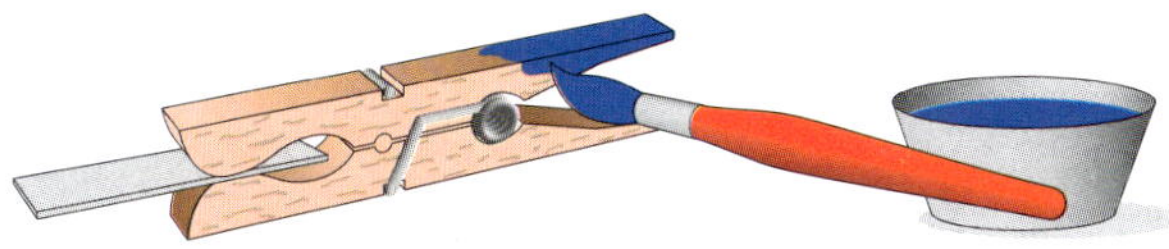

Préparer des rectangles de papier blanc pour noter des messages.

Quoi de plus amusant que de décorer la maison de la chambre au salon ? Il suffit d'un peu de papier, de carton, de feutrine, de tissu ou de pâte à modeler pour créer une foule d'objets amusants : un mobile, une toise, un semainier ou des écriteaux pour transformer la chambre ; des boîtes pour ranger ses secrets ; une pochette pour conserver ses dessins.

Les enfants s'amusent aussi à décorer la table ou la salle à manger : ils fabriquent des ronds de serviette et des marque-place en chenille, des dessous-de-plat en argile, des décors pour les pots de confiture...

Décorer la maison

Décors de table

Matériel

papier de couleur, colle, crayon à papier, ciseaux, nappe en papier aux dimensions de la table, assiettes ou plats de différentes tailles, verres, pièce de monnaie.

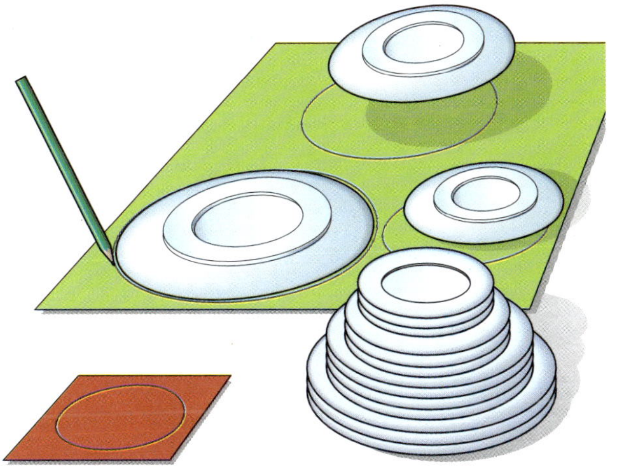

1 À l'aide des assiettes ou des plats, tracer sur du papier vert un grand cercle pour le corps de la grenouille, un moyen pour les pattes et un petit pour la tête. Sur du papier rouge, tracer un cercle encore plus petit pour la bouche.

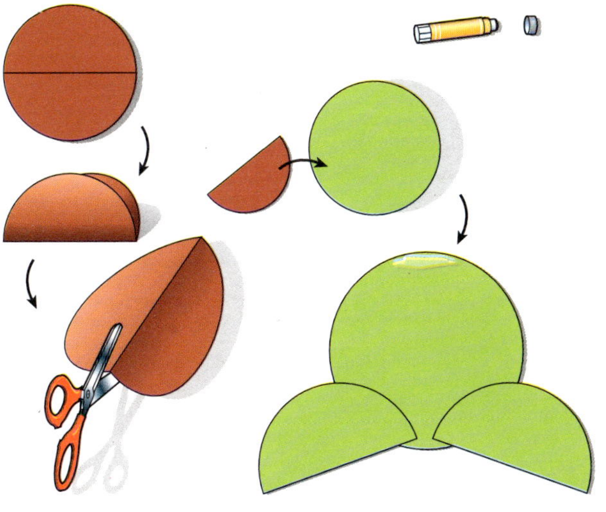

2 Découper les 4 cercles de papier. Plier ceux des pattes et de la bouche en deux. Les déplier et découper suivant la pliure. Coller les pattes et la tête sur le corps.

3 Tracer à l'aide d'un verre puis découper 6 ronds bleus pour les yeux et les boutons. À l'aide d'une pièce de monnaie, tracer et découper 3 ronds pour les pupilles et la langue.

4 Coller tous les éléments sur la grenouille. Coller d'abord la langue en la faisant dépasser sous la bouche, puis coller l'ensemble sur la grenouille.

5 Sur du papier de couleurs assorties, tracer des cercles de différentes tailles. Les découper. Dessiner la forme des feuilles et des fleurs de nénuphars et les découper.

Disposer la nappe sur la table. Placer la grenouille au centre. Coller les feuilles et les fleurs sur toute la nappe.

Pailles en fête

Matériel

papier de couleur, napperons à gâteaux, pailles, crayon à papier, colle, règle, ciseaux, ciseaux cranteurs, crayons de couleur, calque ou papier blanc fin, patrons page 235.

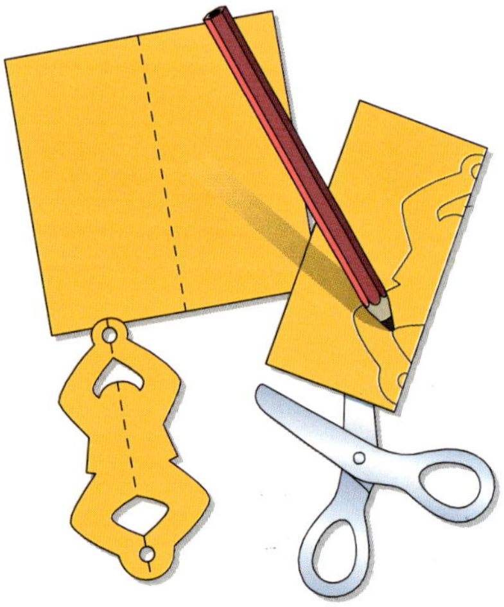

Clowns et insectes

1 Découper des carrés de papier de 10 cm de côté, de couleur claire pour les clowns et de couleur noire pour les insectes. Les plier en deux.

Reporter le patron choisi en plaçant la ligne droite sur la pliure. Découper les 2 épaisseurs en même temps. Déplier.

2 Dessiner les visages des clowns avec des crayons de couleur. Décorer les vêtements en collant des petites formes de papier déchiré ou découpé.

3 Pour le papillon, coller des ailes plus petites sur le fond noir. Décorer avec des petits morceaux de papier déchiré. Pour la coccinelle, recouper deux ailes en s'aidant du patron, y dessiner des pois noirs et les coller.
Glisser les pailles dans les trous en haut et en bas des clowns ou des insectes.

Décors géométriques

1 Pour les étiquettes à fleurs, découper des rectangles de papier de 3 × 5 cm. Découper un motif dans un napperon et le coller. Arrondir les coins aux ciseaux.

2 Pour les étiquettes-fanions, coller une forme géométrique découpée aux ciseaux cranteurs sur une forme identique découpée aux ciseaux droits. Fixer des bandelettes de papier au dos et les effranger.
Coller les étiquettes sur les pailles.

Coquetiers

Matériel

plaques de mousse de différentes couleurs, colle, stylo à bille, feutre jaune ou orange, ciseaux, ciseaux cranteurs, yeux mobiles, pinces à linge, papier fin blanc, patron page 245.

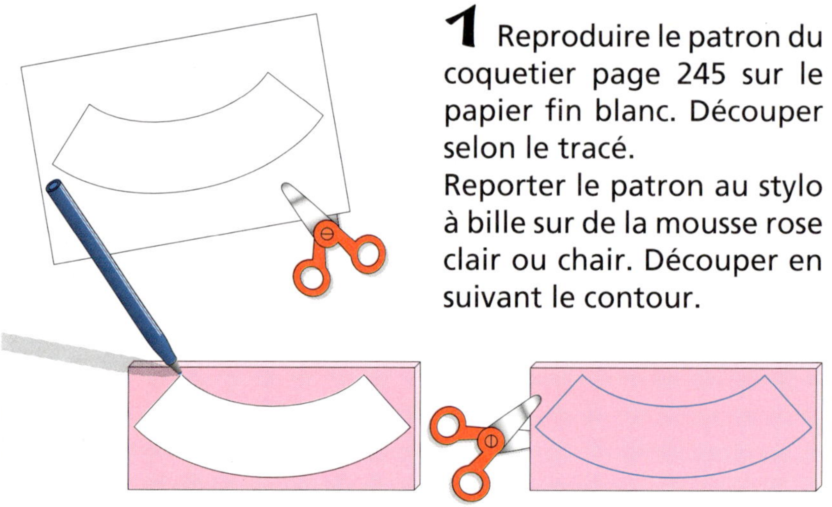

1 Reproduire le patron du coquetier page 245 sur le papier fin blanc. Découper selon le tracé.
Reporter le patron au stylo à bille sur de la mousse rose clair ou chair. Découper en suivant le contour.

3 Pour chaque coquetier, dessiner sur de la mousse : un triangle pour le nez, et des moustaches ou une bouche. Les coller sur le coquetier.

Pour les cheveux, découper des triangles de différentes tailles, aux ciseaux droits ou aux ciseaux cranteurs. Les coller sur le coquetier.

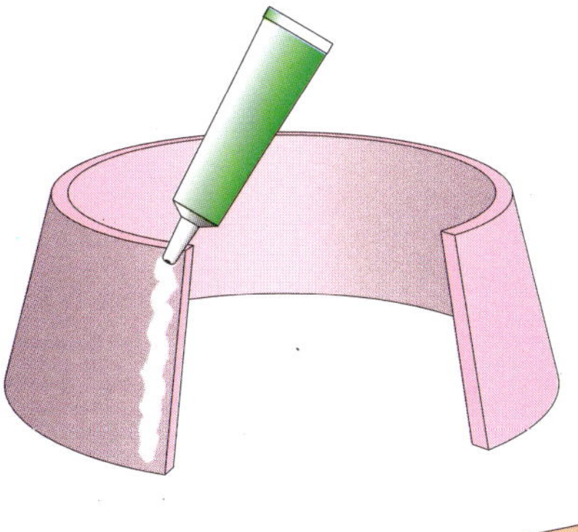

2 Encoller un des petits côtés du coquetier. Former l'anneau. Maintenir en place avec deux pinces à linge. Bien laisser sécher avant d'ôter les pinces à linge.

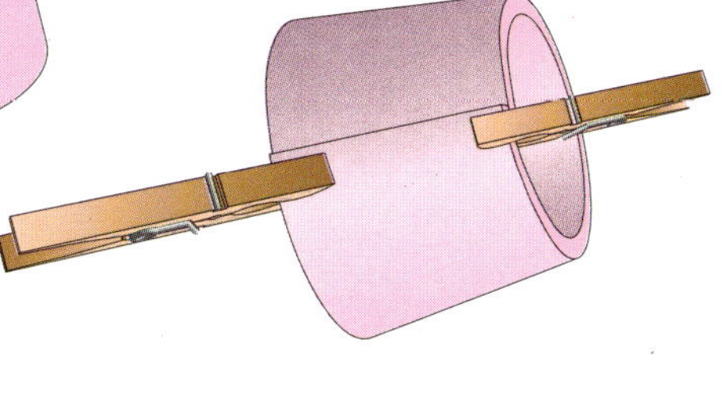

4 Coller les yeux mobiles. Dessiner quelques points au feutre pour les taches de rousseur.

Douces fleurs

Matériel

chenilles de différentes couleurs, boules de cotillon de couleur, papier épais de couleur, perforatrice, ciseaux, règle, crayon à papier.

Ronds de serviette

1 Former le premier pétale en enroulant l'extrémité d'une chenille autour de son index. Retirer la boucle et la vriller à la base.

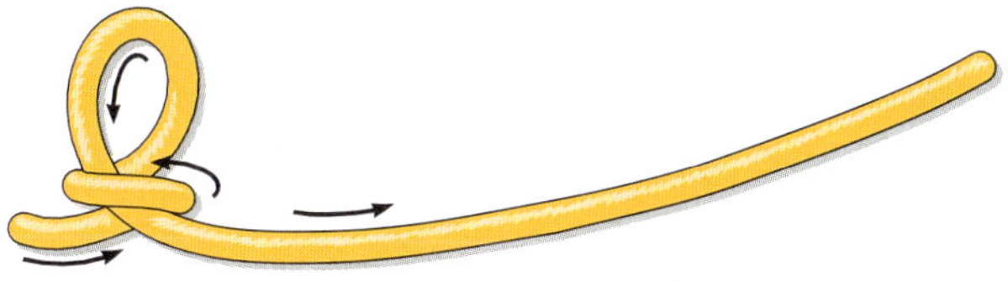

2 Former les 4 autres pétales de la même manière. Couper la chenille en laissant un morceau d'environ 2 cm sous la fleur.

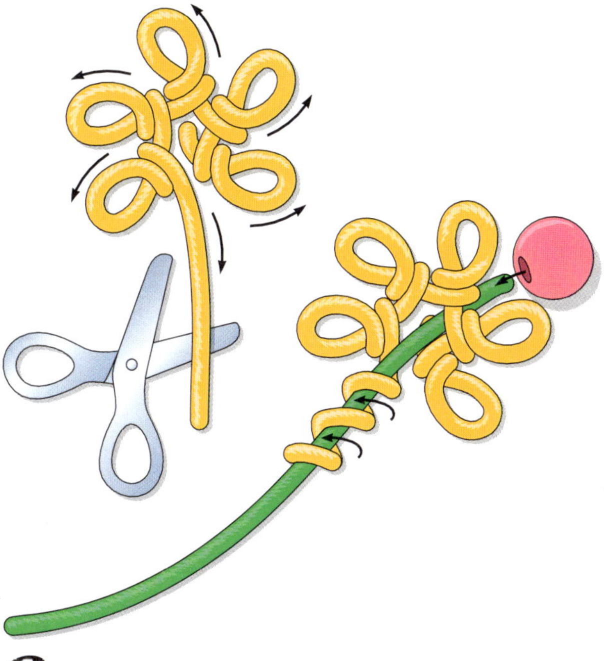

3 Glisser une chenille verte de 30 cm pour la tige au milieu de la fleur. Piquer une boule de cotillon sur l'extrémité de la tige. Entortiller la tige avec le morceau de chenille qui dépasse sous la fleur.

4 Plier les serviettes de table en rouleau et enrouler les tiges des fleurs autour.

Marque-place

1 Former une fleur à 4 pétales puis ajouter une tige de 10 cm. Pour les feuilles, rouler en spirale les extrémités d'une chenille de 20 cm, puis l'enrouler autour de la tige.

2 Mesurer et découper un rectangle de papier de 12 × 6 cm. Le plier en deux. Faire un trou à la perforatrice près du pli.

3 Passer la tige par le trou, la repasser par-dessus et l'enrouler à la base de la fleur. Écrire le prénom de l'invité.

Pots fruités

Matériel

papier adhésif de différentes couleurs, feutrine aux coloris assortis, élastiques, raphia, crayon à papier, ciseaux, ciseaux cranteurs, petite assiette ou bol.

Les confitures cuisinées à la maison ou achetées toutes faites sont encore plus appétissantes dans de jolis pots décorés.

1 Dessiner les fruits de son choix au dos du papier adhésif. Faire des formes simples : des ronds, des ovales, etc. Découper selon les contours.

3 Tracer un cercle de 15 cm de diamètre sur la feutrine, en s'aidant d'une petite assiette ou d'un bol. Découper le cercle aux ciseaux cranteurs.

4 Poser la feutrine en la centrant sur le pot et la maintenir en place à l'aide d'un élastique.

2 Dessiner des tiges et des feuilles au dos des papiers adhésifs vert clair et vert foncé. Les découper. Coller les fruits sur les pots en enlevant la feuille de protection. Coller les tiges et les feuilles.

5 Nouer plusieurs brins de raphia ensemble autour du pot pour cacher l'élastique.

Bocaux nature

Matériel

pots et bocaux en verre, papier Cellophane, élastiques, ficelle, raphia, cordelette, ruban, colle, papier recyclé, carton ondulé, éléments naturels.

1 Au fil des saisons et des promenades, collecter des éléments naturels : marrons, graines, feuilles, coquillages, cailloux, pierres, galets… On peut aussi piler des coquilles d'œufs après les avoir lavées.

2 Laver les pots et les bocaux et bien les essuyer.

Un galet bien plat, un coquillage, un morceau de papier roulé, peuvent aussi servir à fermer les pots et les bouteilles.

3 Remplir les pots avec les éléments naturels selon sa fantaisie.

4 Poser un carré de papier Cellophane en le centrant sur le pot. Maintenir le papier en place par un élastique.

5 Orner les pots en collant un morceau de carton ondulé et quelques graines sur le dessus.

Décorer en glissant une plume dans l'élastique, en nouant un ruban ou un morceau de ficelle.

On peut aussi glisser un papier et quelques éléments sous la Cellophane avant de mettre l'élastique.

Boîtes lacées

Matériel

carton ondulé, fil à scoubidou, raphia, crayon à papier, règle, boules de cotillon, ciseaux, colle, perforatrice, croquis page 237.

1 Avec un adulte, reporter le croquis de la boîte sur l'envers du carton. Découper la boîte. Marquer l'emplacement des trous. Perforer. Plier les côtés.

2 Glisser le raphia ou le fil dans les trous, dessus puis dessous, en le faisant passer à l'extérieur des angles. Nouer. Décorer avec quelques brins de raphia glissés dans le nœud ou des boules de cotillon percées.

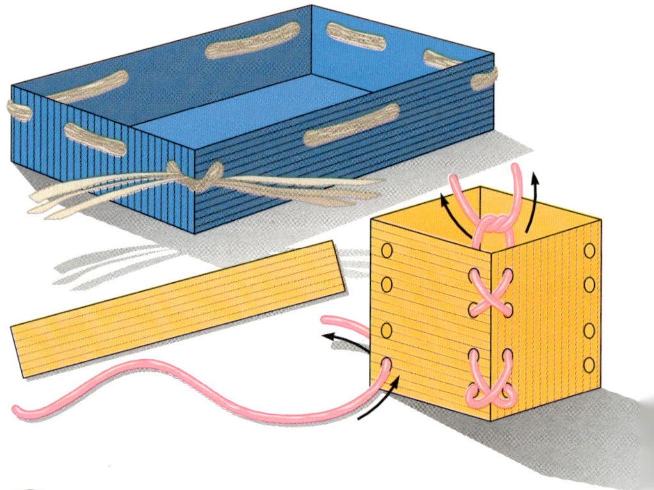

3 Pour le panier, couper 4 morceaux de fil de 20 cm, les glisser dans les trous en les croisant et les nouer en haut. Découper l'anse et la coller.

Vide-poches

2 Marquer l'emplacement des trous au stylo en s'aidant des dessins ci-dessous. Perforer sur les marques.

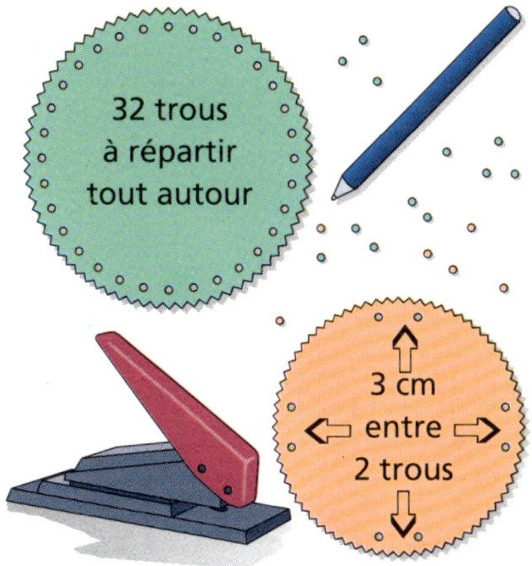

3 Pour le vide-poches vert, glisser le fil dans les trous. Tirer doucement sur le fil pour resserrer les bords. Nouer les 2 extrémités, les recouper et ajouter 2 boules de cotillon.

4 Pour le vide-poches orange, glisser un petit morceau de fil à scoubidou pour relier 2 trous. Nouer ainsi les 4 angles. Recouper les fils près des nœuds.

Matériel

plaques de mousse orange et verte, stylo à bille, compas, ciseaux cranteurs, fil à scoubidou, boules de cotillon, perforatrice.

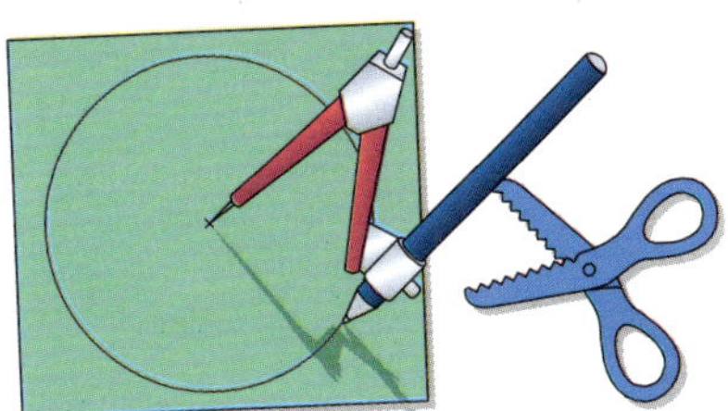

1 Dessiner sur la mousse un cercle de 19 cm de diamètre pour le vide-poches vert et de 15 cm de diamètre pour le vide-poches orange. Découper.

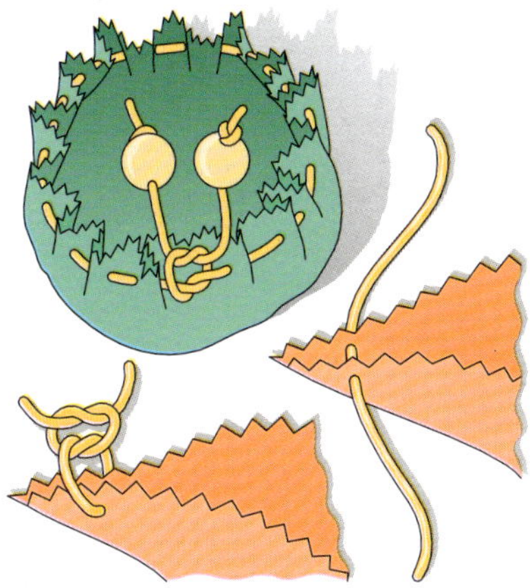

Dessous-de-plat

Matériel

argile autodurcissante rouge et blanche, eau, ébauchoir ou couteau rond, vieux crayon, rouleau, moules à chocolats, règle.

Serpent

1 Modeler une boule blanche et une boule rouge de la taille d'une balle de tennis. Former deux boudins. Les vriller ensemble.
Remettre la pâte en boule et la malaxer légèrement pour obtenir une pâte marbrée. Former un long boudin terminé par une pointe.

2 Enrouler le boudin sur lui-même en commençant par la pointe et en le soudant au fur et à mesure avec une goutte d'eau appliquée avec le doigt.

3 Aplatir légèrement. Lisser la spirale au dos du serpent pour plus de solidité.

4 Coller 2 boulettes pour les yeux et faire des trous pour les pupilles. Graver la bouche et coller une langue découpée dans un morceau d'argile. Laisser sécher selon les indications du fabricant.

Les carrés s'assemblent en dessous-de-plat ou s'utilisent seuls, en porte-couverts.

Carrés

1 Aplatir une boule d'argile au rouleau pour obtenir une plaque de 1 cm d'épaisseur.

2 Disposer les moules sur la plaque en les espaçant d'au moins 3 cm. Les enfoncer à l'aide du rouleau.

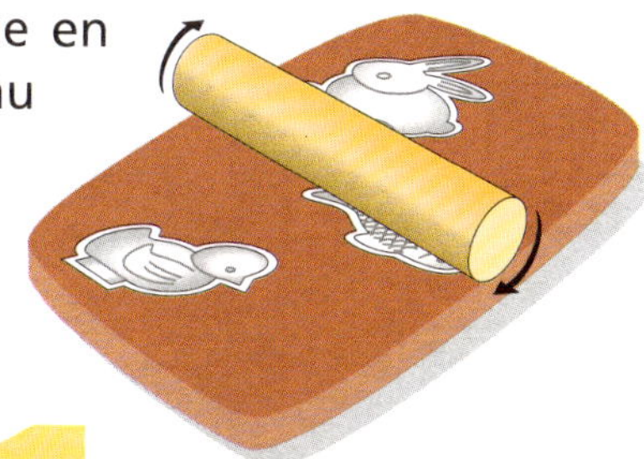

3 Découper des carrés de même taille en centrant les motifs. Enlever les moules. Laisser sécher.

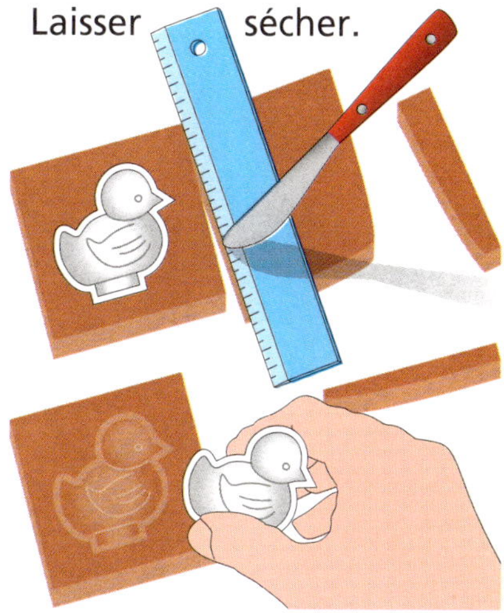

Cadres argentés

Matériel

grandes barquettes de congélation en aluminium ou feuilles de métal à repousser, boîtes rondes ou carrées à fromages sans couvercle, règle, stylo à bille usagé, torchon, carton, carton ondulé de couleur, ciseaux, peinture, pinceau, perforatrice.

1 Couper les parois d'une barquette pour ne garder que le fond. Placer l'aluminium sur le torchon plié en quatre.

2 Poser le fond de la boîte sur l'aluminium et tracer les contours avec un stylo usagé. Ajouter 3 cm tout autour du premier tracé et découper. Si la boîte est carrée, recouper chaque angle. Avec une boîte ronde, faire des entailles tout autour pour pouvoir retourner les bords.

3 Pour la photo, tracer une fenêtre plus petite au centre. Plier l'aluminium sans marquer le pli. Pour découper la fenêtre, faire une entaille aux ciseaux et déplier. Passer les ciseaux dans l'entaille.

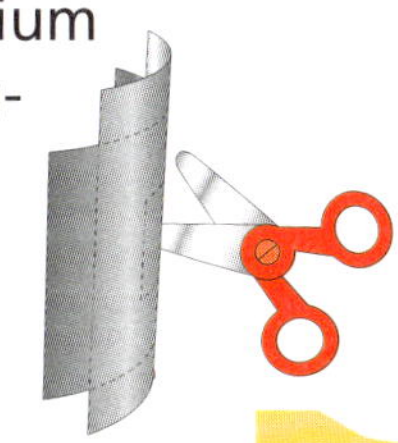

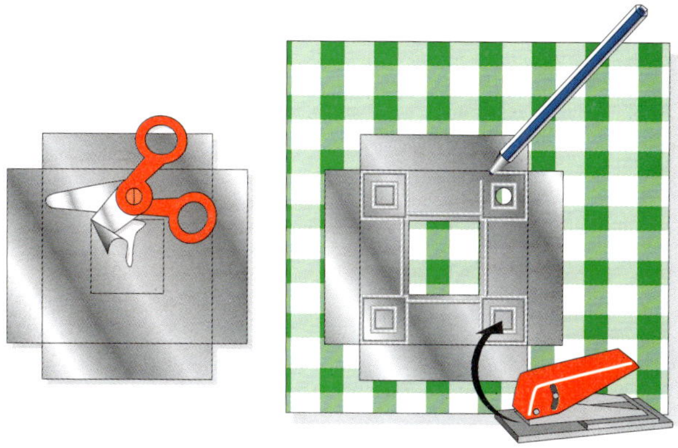

4 Découper. Graver des motifs autour de la fenêtre, en posant l'endroit du cadre contre le torchon. Perforer les trous.

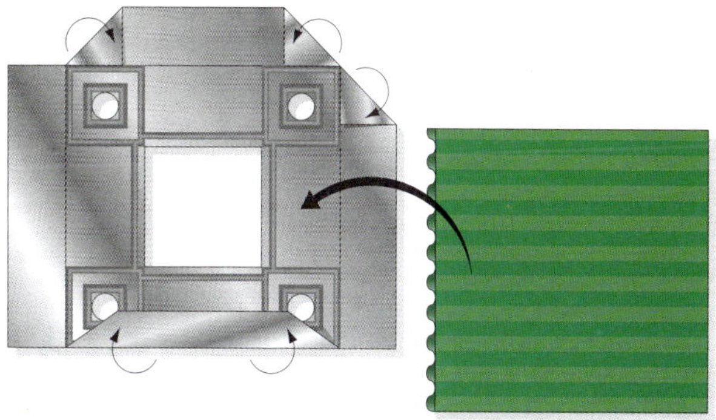

5 Découper un carré de carton ondulé aux dimensions de la boîte et le placer au centre de l'aluminium. Replier les angles de chaque côté. Rabattre les côtés vers le centre.

6 Peindre la boîte. Laisser sécher. Coller des petits morceaux de carton un peu plus courts que les parois pour faire des cales. Coller la photo. Placer le cadre dans la boîte.

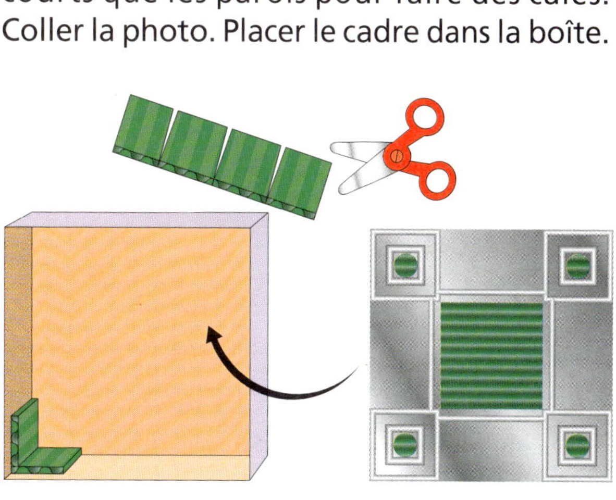

Emploi du temps

Matériel

carton de 44 × 29 cm, peinture jaune, pinceau brosse ou rouleau, papier de sept couleurs différentes, papier fort jaune, règle, crayon à papier, gommettes jaunes rondes, attaches parisiennes, feutres, lacet, scotch, ciseaux, ciseaux cranteurs, colle.

1 Avec une brosse ou un rouleau, peindre le rectangle de carton en jaune. Passer deux couches si nécessaire pour obtenir une surface uniforme. Laisser sécher.

2 Mesurer des bandes de papier de 29 × 5 cm de 7 couleurs différentes. Les découper soigneusement pour qu'elles soient bien droites.

Coller la première bande sur le carton à 1,5 cm du bord. Coller les autres bandes en les espaçant de 1 cm les unes des autres.

3 Écrire ou demander à un adulte d'écrire en haut de chaque bande le nom des jours de la semaine, et sur le côté gauche les mots « matin » et « après-midi ».

Pour un emploi du temps bien organisé, découper et dessiner autant d'étiquettes à accrocher que d'activités.

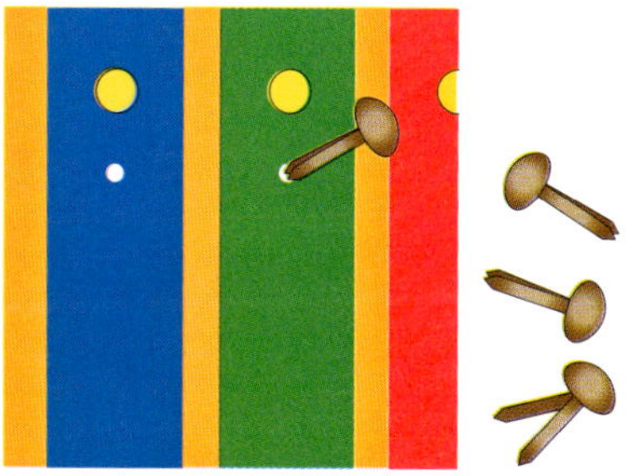

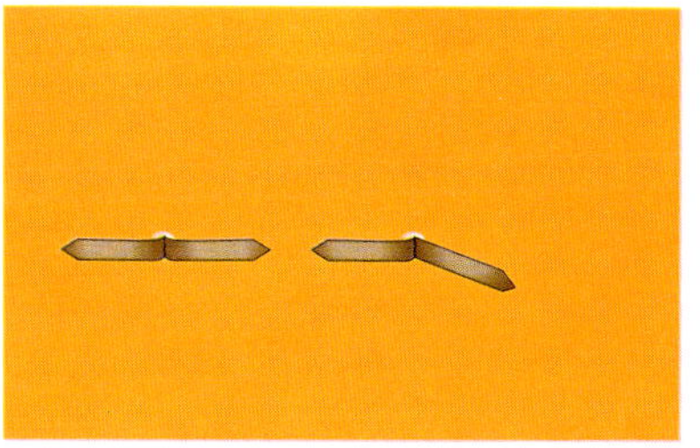

5 Marquer l'emplacement des attaches parisiennes à 2 cm sous les gommettes du haut et du milieu. Demander à un adulte de percer tous les trous.

Fixer une attache dans chaque trou sans la serrer complètement.

4 Sur chaque bande, coller une gommette sous les jours, puis trois gommettes pour séparer le matin et l'après-midi. Ajouter une rangée de gommettes en bas.

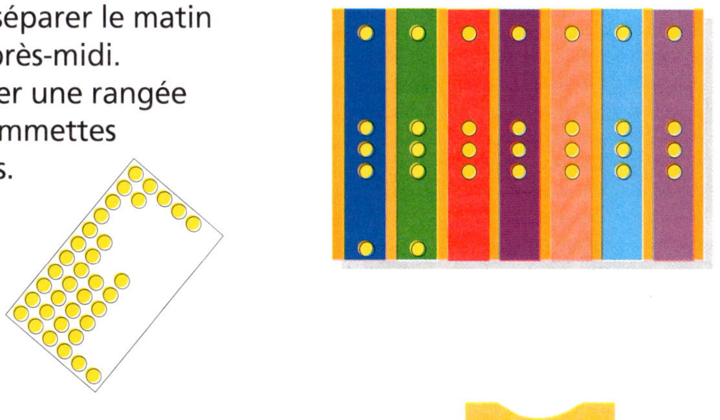

6 Découper aux ciseaux cranteurs des carrés de 4 cm de côté dans le papier jaune. Dessiner les différentes activités de la semaine. Scotcher au dos de chaque étiquette un morceau de lacet de 10 cm.

Toise-éléphants

Matériel

papier épais vert clair, vert foncé et rose, papier cadeau imprimé, colle, ciseaux, règle, crayon à papier, calque ou papier blanc fin, patron page 242.

1 Sur le papier vert clair, tracer une bande de 22 × 70 cm. Découper la bande en suivant soigneusement le tracé pour qu'elle soit bien droite.

2 Reporter le patron de l'éléphant page 242 deux fois sur le papier vert foncé et deux fois sur le papier rose en retournant l'éléphant. Les découper.

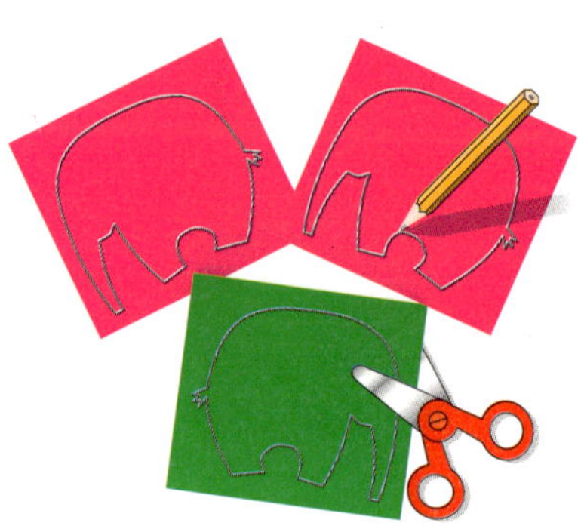

3 À l'aide du patron, découper 4 oreilles dans le papier imprimé. Pour les yeux, découper 4 petits ronds vert clair. Coller les yeux et les oreilles sur les éléphants.

4 Coller les éléphants sur la bande en les alignant sur le bord droit et en alternant les couleurs.

5 Mesurer et découper des bandes de 1 cm de large : 2 bandes de 18 cm de long dans le papier vert foncé, une bande de 18 cm et une bande de 16 cm dans le papier rose.

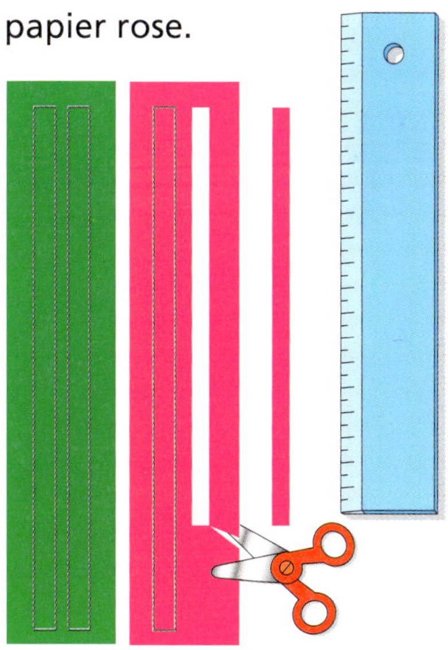

6 Coller les bandes sur le bord gauche de la toise. Tracer un petit trait tous les centimètres. Demander à un adulte de graduer la toise tous les 10 cm à partir du bas. Débuter à 60 cm.

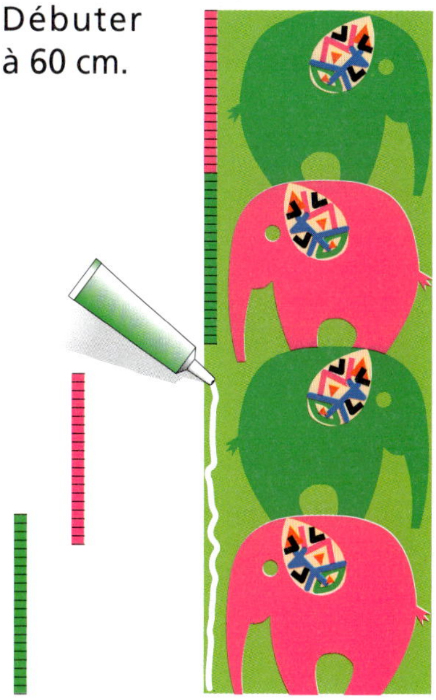

Punaiser ou scotcher la toise sur un mur ou une porte, à 60 cm du sol.

Mobile marin

Matériel

papier fort et carton ondulé de couleur, crayon à papier, ciseaux, règle, colle, ficelle, perforatrice, bâtonnets de bois, papier-calque ou papier blanc fin, patrons page 238.

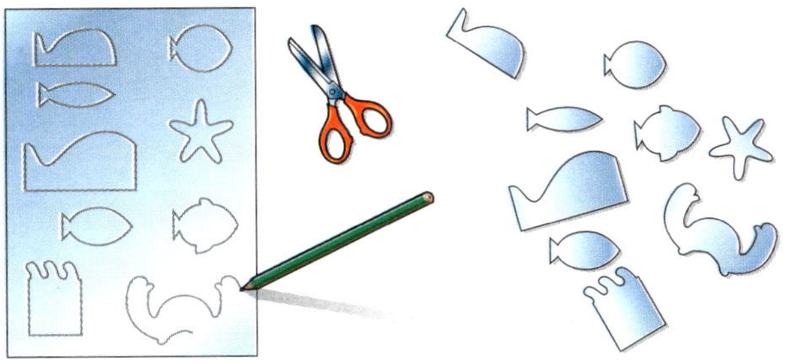

1 Au crayon à papier, reporter les éléments des patrons page 238 sur le papier blanc fin ou le papier-calque : vagues, poissons, étoile de mer, baleine... Les découper.

2 Les reporter sur le papier de couleur et sur l'envers du carton ondulé. Découper toutes les formes.

3 Perforer chaque élément. Coller les petits ronds découpés à la perforatrice ou des gommettes pour faire les yeux. Coller des fanons en carton ondulé sur la baleine.

4 Attacher les éléments avec des morceaux de ficelle, à un ou plusieurs bâtonnets en variant les hauteurs.

5 Pour suspendre le mobile, attacher un morceau de ficelle au milieu des bâtonnets et faire une boucle.

Lampe-fleur

Matériel
lampe de poche torche, colle, ciseaux, règle, papier de soie orange, jaune et vert.

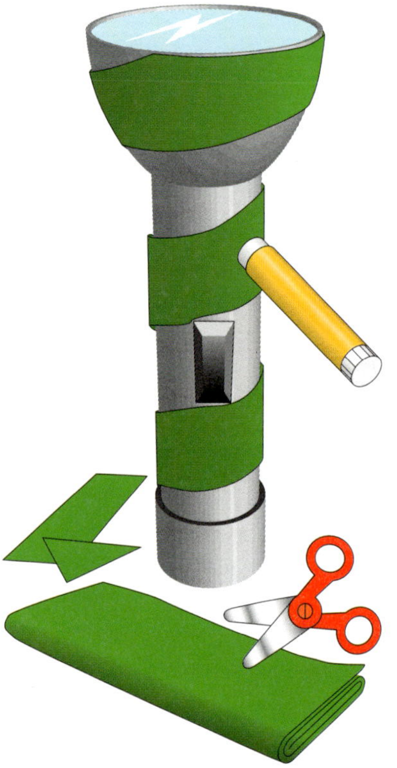

1 Découper de larges bandes vertes de 10 × 40 cm environ. Les coller en les enroulant sur la tige de la lampe. Éviter l'interrupteur et la jointure du bouchon pour pouvoir changer la pile. Au besoin, recouper les bandes de papier.

2 Pour le cœur, coller un rond jaune du même diamètre que la lampe, puis un rond orange plus petit. Pour les étamines, froisser 6 morceaux de papier de soie en boulettes et les coller.

3 Découper des bandes orange de 10 × 40 cm. Les plier en accordéon de 3 cm. Découper des pétales sans aller jusqu'en bas pour éviter qu'ils se séparent. En coller plusieurs rangées à la base de la lampe.

4 Découper une bande verte de 40 × 5 cm. Découper des pétales. Coller la bande à la base de l'ampoule.

Écriteaux

Matériel

carton,
papier de couleur,
colle, gommettes autocollantes en forme de fleurs ou d'animaux, scotch,
règle, ficelle,
crayon à papier,
ciseaux.

1 Tracer un rectangle de carton de 20 × 25 cm. Le découper aux ciseaux ou demander à un adulte de le couper au cutter.
Tracer et découper un rectangle de papier jaune ou blanc de 27 × 32 cm.
Coller le rectangle de carton au centre de la feuille de papier.

Les écriteaux servent à écrire le nom des pièces de la maison ou d'autres messages.

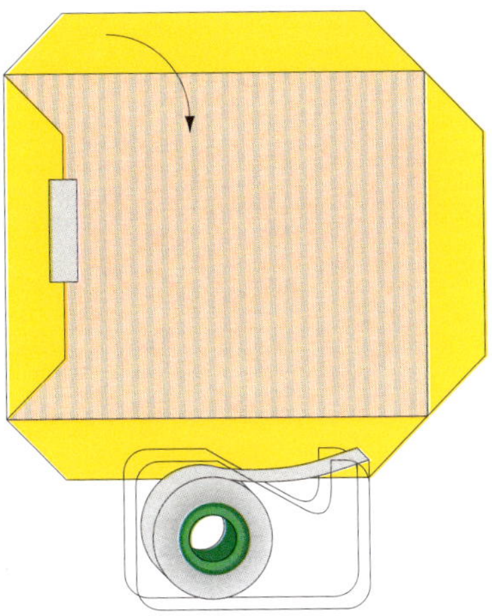

2 Couper les angles de la feuille de papier en biais. Rabattre les côtés sur le carton et les scotcher.

3 Déchirer des morceaux de papier de couleur. Les coller tout autour du panneau en créant des dégradés.

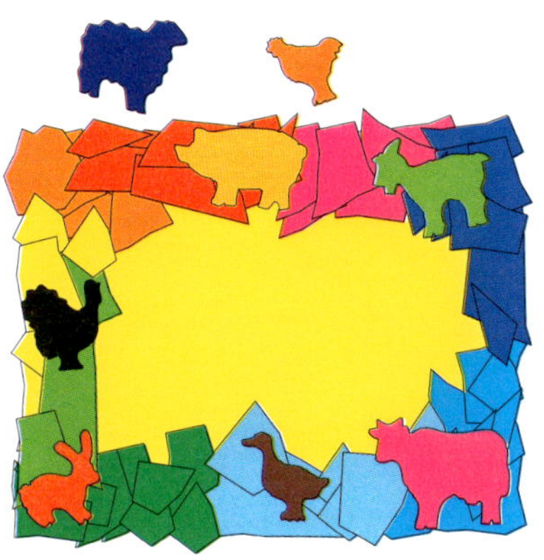

4 Coller des gommettes pour compléter le décor.

5 Plier un morceau de ficelle de 15 cm en deux. Scotcher la boucle ainsi obtenue au dos de l'écriteau pour pouvoir l'accrocher à la porte.

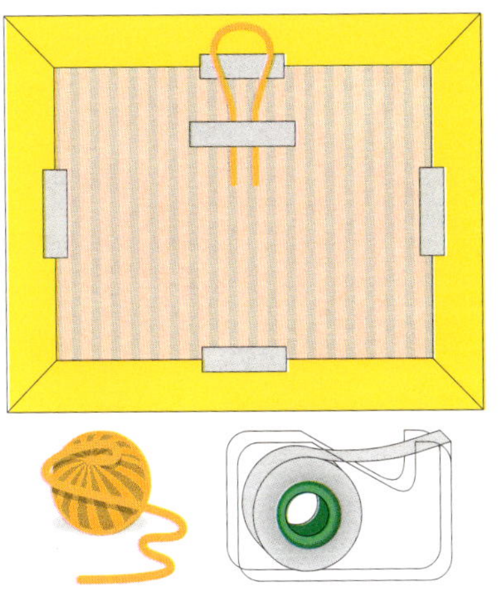

Pot à crayons

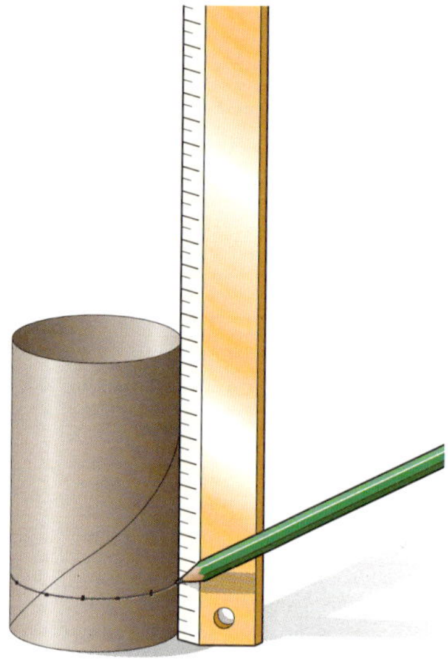

2 À l'aide d'une règle et d'un crayon, marquer des repères à 2 cm d'une des extrémités du tronçon. Tracer une ligne en reliant tous les repères.

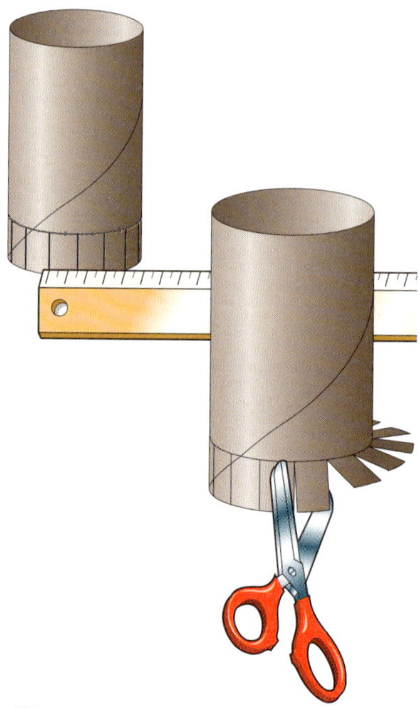

Matériel

rouleau d'essuie-tout, carton de récupération, papier de soie de 3 couleurs différentes, colle, ciseaux, règle, crayon à papier.

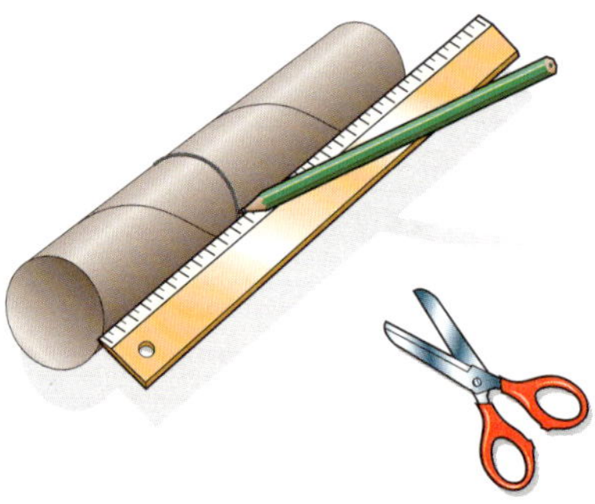

1 Mesurer un tronçon de 12 cm sur le rouleau. Demander à un adulte de le découper.

3 Découper des fentes espacées de 1,5 cm tout autour du rouleau. Replier les languettes vers l'extérieur.

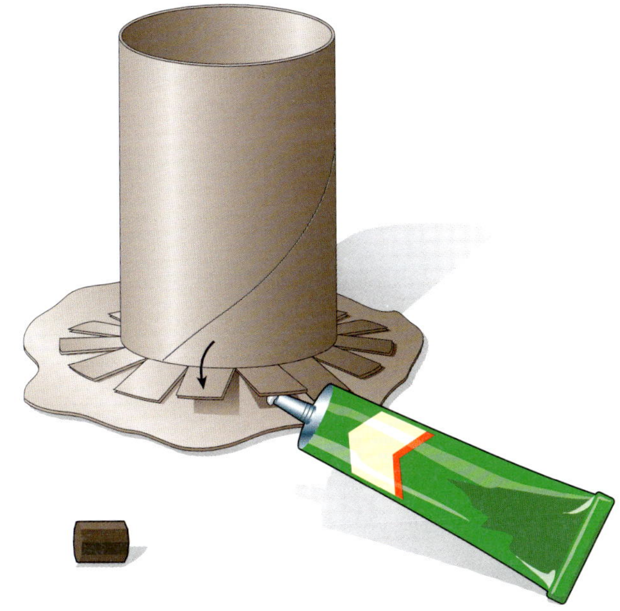

4 Découper une forme de carton irrégulière, plus grande que le cercle des languettes. Coller le rouleau dessus en le centrant. Laisser sécher.

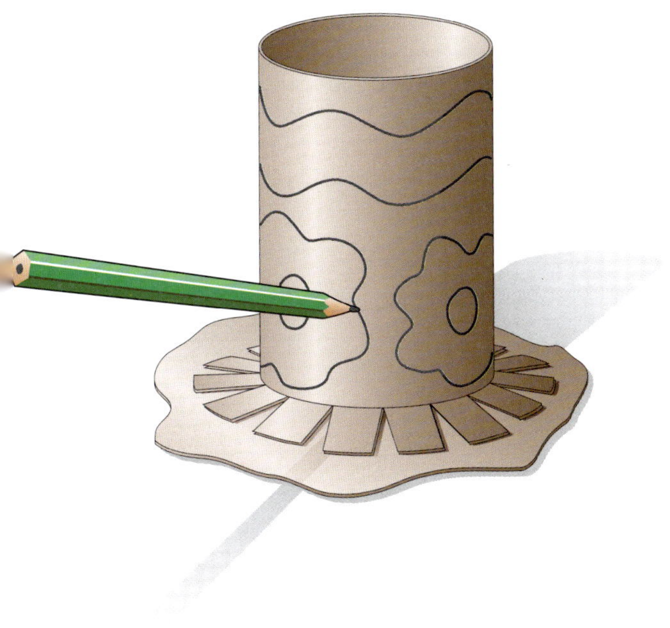

5 Dessiner les contours des motifs au crayon sur le pot : des fleurs, un poisson, une maison ou un arbre, etc. Choisir des motifs simples et assez gros.

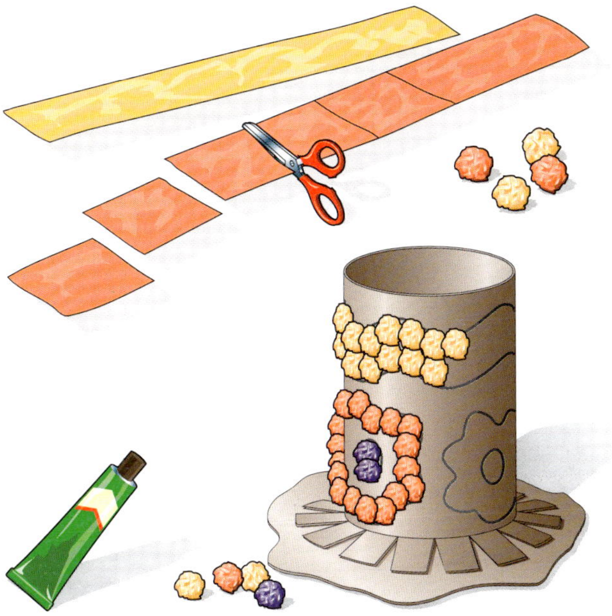

6 Découper des bandes de papier de soie d'environ 8 cm de large et recouper des carrés. Froisser les morceaux de papier pour former des boulettes de la taille d'une noisette.

Coller les boulettes une par une sur le pot. Commencer par suivre les tracés, puis remplir l'intérieur des motifs. Laisser sécher.

Voici une autre idée d'inspiration marine !

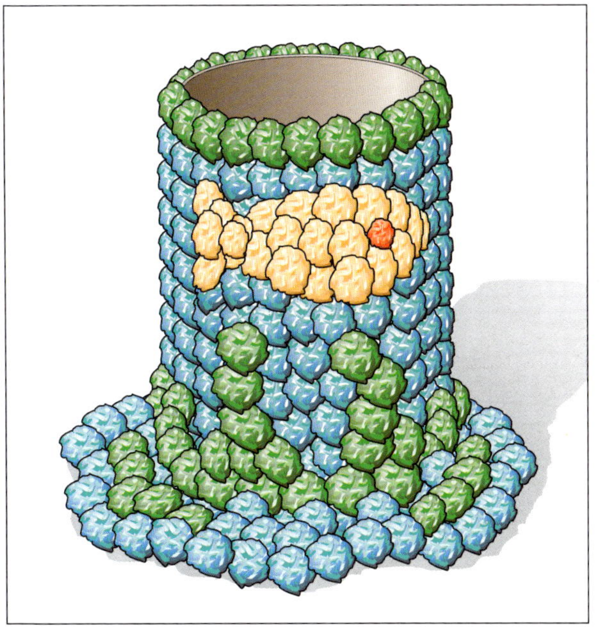

Boîtes à secrets

Matériel

6 grandes boîtes d'allumettes,
boîtes de tisane :
1 grande et 2 petites,
ou 2 grandes,
élastique rond,
colle, ciseaux,
peinture, agrafeuse,
pinceaux, scotch,
attaches parisiennes, boules de cotillon percées.

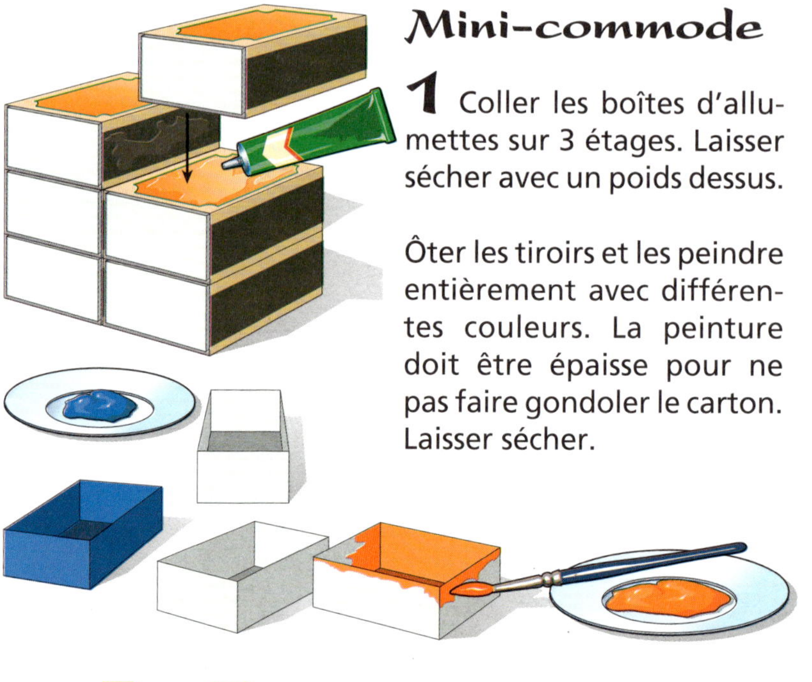

Mini-commode

1 Coller les boîtes d'allumettes sur 3 étages. Laisser sécher avec un poids dessus.

Ôter les tiroirs et les peindre entièrement avec différentes couleurs. La peinture doit être épaisse pour ne pas faire gondoler le carton. Laisser sécher.

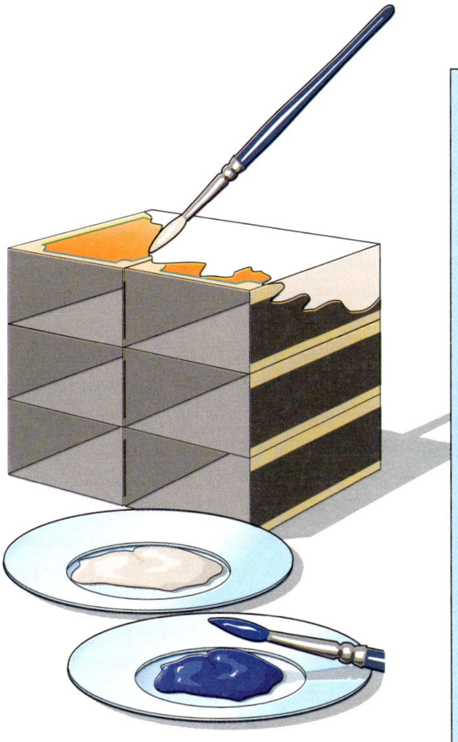

2 Peindre la commode en blanc pour faire disparaître toutes les inscriptions. Laisser sécher. Passer une ou deux couches de peinture de couleur. Bien laisser sécher.

3 Pour les boutons, demander à un adulte de faire un trou avec la pointe des ciseaux sur chaque tiroir. Fixer des attaches parisiennes.

Voici un pot à crayons bien pratique, réalisé en recoupant et en assemblant des boîtes de gâteaux apéritifs.

Coffret chinois

1 Coller les petites boîtes de tisane dos à dos. Les assembler avec la grande. Laisser sécher. Peindre en blanc. Laisser sécher.

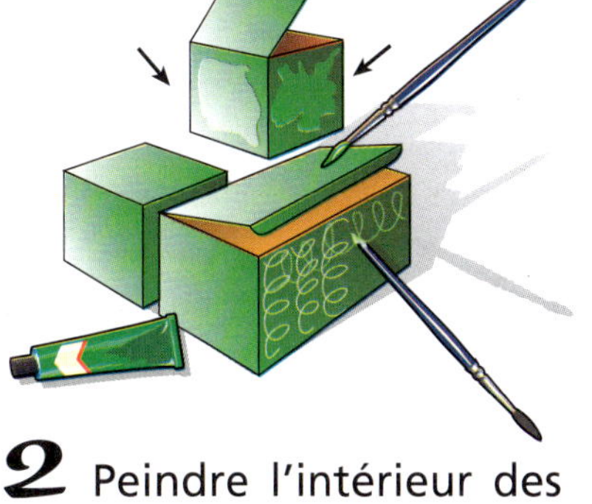

2 Peindre l'intérieur des boîtes, puis l'extérieur d'une autre couleur. Dessiner des motifs avec le manche d'un pinceau dans la peinture fraîche. Laisser sécher.

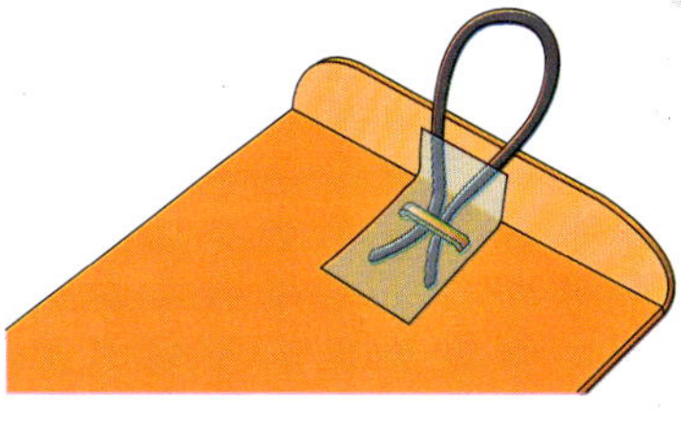

3 Demander à un adulte de faire des trous dans les boîtes. Glisser une attache dans les boules de cotillon, et les fixer. Agrafer 8 cm d'élastique sur les rabats. Protéger par un scotch.

Pochette à dessins

Matériel

carton fin, carton ondulé rouge, papier de couleur, bouton, lacet rouge, fil et aiguille à coudre, colle, ciseaux, règle, crayon à papier.

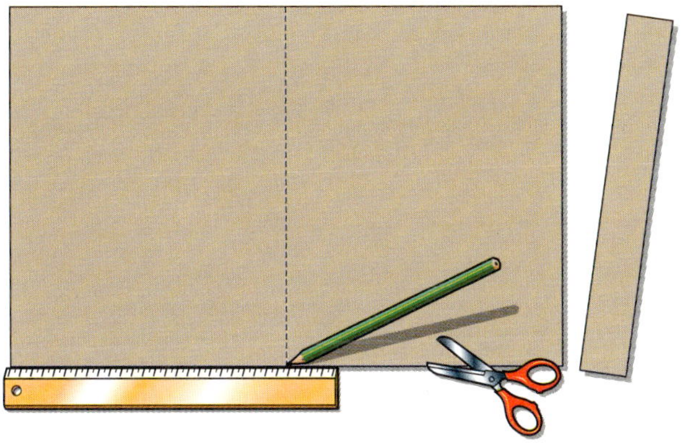

1 À l'aide de la règle et du crayon à papier, mesurer un rectangle de carton fin de 33 × 52 cm. Le découper. Le plier en deux. Bien marquer la pliure et déplier.

2 Sur l'envers du carton ondulé, mesurer et tracer un rectangle de 33,5 × 53 cm. Veiller à placer les cannelures dans le sens de la hauteur. Découper le rectangle de carton ondulé et le coller sur le carton fin en le centrant. Laisser sécher.

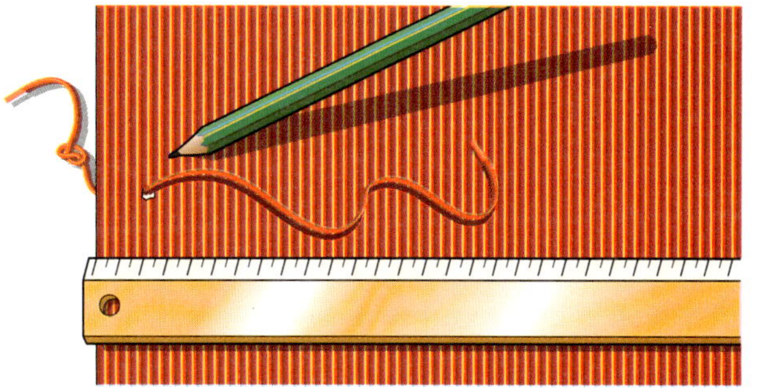

3 Marquer un repère au crayon au milieu de la hauteur, à 3 cm du bord. Demander à un adulte de faire un trou avec la pointe des ciseaux. Glisser le lacet et le nouer.

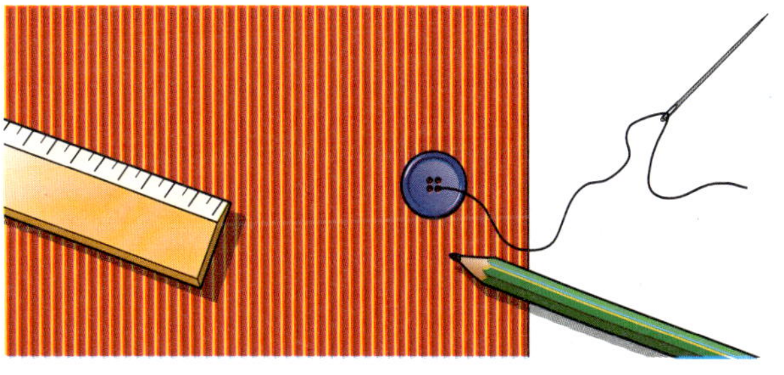

4 De l'autre côté, marquer un repère à 2 cm du bord. Demander à un adulte de coudre le bouton sans trop serrer.

5 Découper des triangles directement dans du papier de couleur. Les coller sur toute la surface du carton ondulé. Pour fermer la pochette, enrouler le lacet autour du bouton.

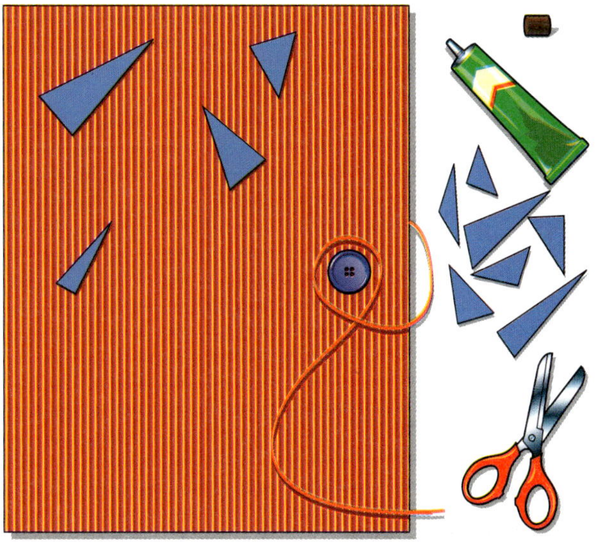

Boîtes colorées

Matériel

boîtes à chaussures, peinture de différentes couleurs, paille, pinceaux, papier de couleur, ciseaux droits ou vagues, colle, feutre, coupelles ou palette.

S'il y a des inscriptions sur les boîtes, passer une ou deux couches de peinture non diluée pour les effacer.

1 Disposer un peu de peinture dans des coupelles ou sur une palette. La délayer avec de l'eau pour qu'elle soit assez liquide.

2 Avec un pinceau, déposer une tache de peinture sur la boîte. Souffler avec la paille pour étaler la tache.

3 Parsemer des taches de différentes couleurs sur toute la boîte. Plus la peinture est liquide, plus les effets sont spectaculaires. Pour éviter de mélanger les couleurs, laisser sécher un moment avant de souffler de nouvelles taches par-dessus.

4 Découper une étiquette dans du papier de couleur et la coller sur le couvercle. Écrire au feutre le contenu de la boîte sur l'étiquette ou sur un des côtés du couvercle laissé vierge.

Pour ceux qui aiment créer en s'amusant, voici une multitude d'idées de jeux et de jouets à réaliser toute l'année ! Les enfants trouveront de nombreux conseils pour jouer seuls et pour réaliser des animaux en pâte à modeler ou en boules de polystyrène, des toupies en carton et des robots en bouchons, des personnages à habiller et des poupées en raphia...

Et pour jouer à plusieurs, les enfants fabriqueront un circuit de voitures, un jeu de quilles ou de dominos, des marionnettes à mains ou à doigts... De quoi passer des après-midi ludiques et joyeux !

JEUX ET JOUETS

Animaux à modeler

Matériel

pâte à modeler de différentes couleurs, allumettes, couteau, presse-ail.

1 Avec de la pâte, modeler des boules rondes, allongées ou étirées, de différentes tailles pour les corps et les têtes. Pour le canard, mélanger 2 pâtes de couleurs différentes. Couper la base des têtes de la vache, du cochon et du poussin. Assembler les têtes et les corps des animaux en pressant doucement.

3 Pour les oiseaux, modeler des ailes en forme de goutte et les placer sur le corps en relevant la pointe.

Ajouter des boulettes pour les yeux. Pour les autres détails, modeler des petits boudins, des boulettes aplaties ou des petites bandes en s'inspirant de la photo.

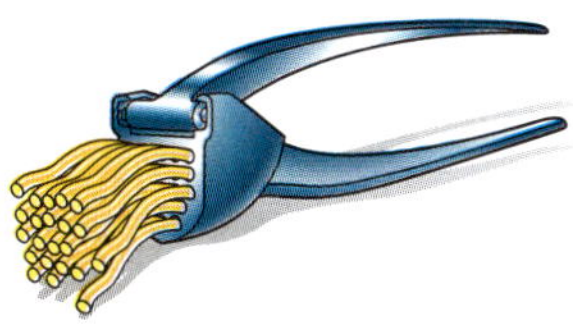

2 Pour le cochon et la vache, rouler un boudin et couper 4 pattes de la même taille. Pour les queues, faire un trou avec une allumette et glisser un boudin fin, droit ou torsadé.

Pour les pattes du poussin, aplatir 2 boulettes et faire des entailles au couteau. Les coller sous les corps.

4 Pour le nid de la poule, aplatir une grosse boule de pâte jaune pour obtenir un ovale épais. Disposer dessus la paille formée au presse-ail. Placer la poule dessus.

Poupées de papier

Matériel

carton de récupération pas trop épais, papier blanc fin, chutes de papier de couleur, crayon à papier, règle, colle, ciseaux, feutres de couleur, gros feutre noir, patrons page 240.

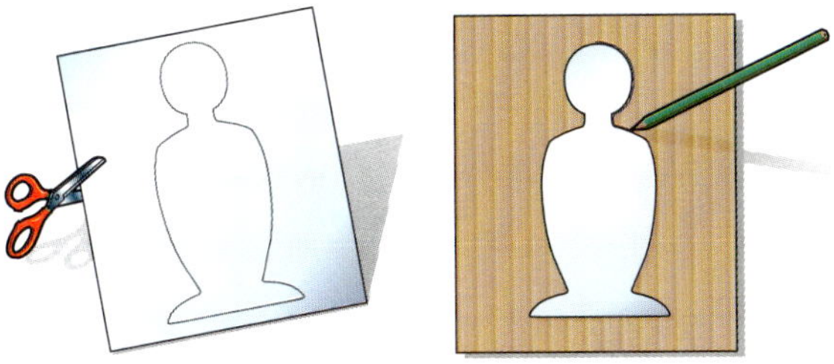

1 Reporter au crayon le patron d'un des personnages page 240 sur du papier blanc. Le découper. Reporter le patron sur le carton de récupération en suivant les contours.

2 Découper le personnage. Couper une fente verticale de 2,5 cm entre ses pieds. Mesurer et découper une bande de carton de 2,5 × 5,5 cm.

3 Dessiner et découper les yeux, la bouche et les cheveux dans du papier de couleur et les coller sur le personnage. Dessiner les bras, les jambes et les détails du visage au feutre noir.

4 Reporter les patrons des vêtements au crayon sur du papier blanc. Les découper en faisant attention aux languettes. Les colorier, puis repasser les traits au feutre noir.

5 Glisser la bande de carton dans la fente pour faire tenir le personnage debout. L'habiller en repliant les languettes des vêtements vers l'arrière.

Maison des bois

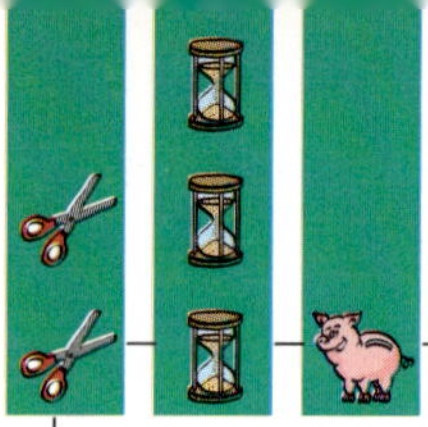

Matériel
éléments naturels : écorce, aiguilles de pin, feuilles mortes, brindilles, mousse séchée... boîte à chaussures, crayon à papier, colle, ciseaux, cutter, raphia.

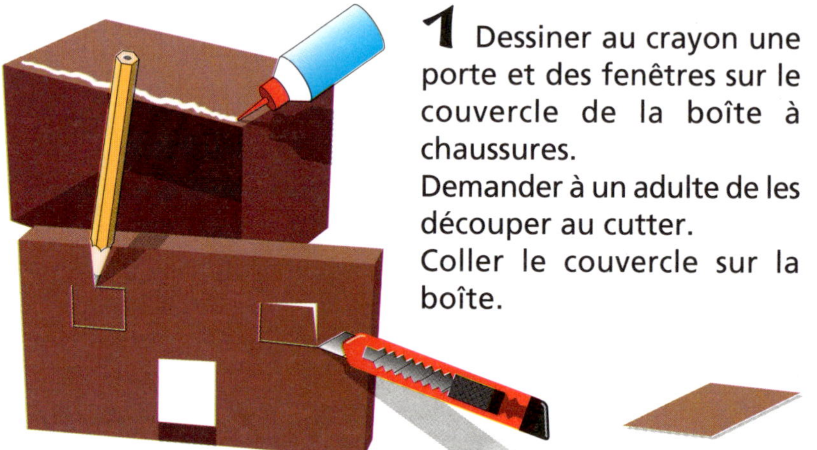

1 Dessiner au crayon une porte et des fenêtres sur le couvercle de la boîte à chaussures.
Demander à un adulte de les découper au cutter.
Coller le couvercle sur la boîte.

2 Encoller la boîte au fur et à mesure. Poser délicatement les feuilles, la mousse et les aiguilles. Superposer les éléments afin de recouvrir la boîte complètement. Laisser sécher.

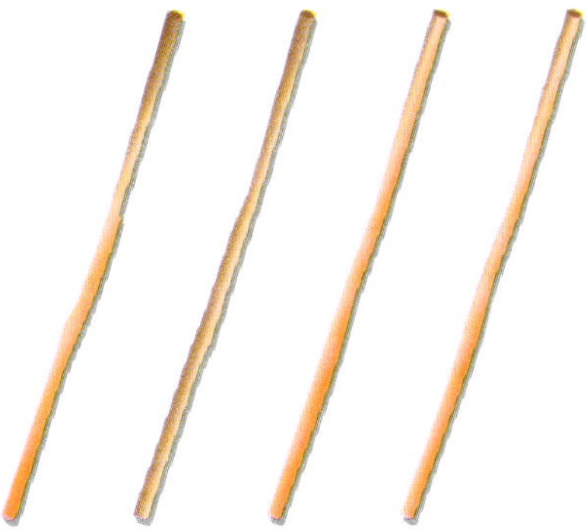

3 Couper 4 brindilles de même taille, plus hautes que la maison.

Demander à un adulte de percer 4 trous aux 4 coins du haut de la maison. Glisser les brindilles dans les trous.

4 Couper 4 autres brindilles un peu plus longues que les premières. Pour les pentes du toit, faire 2 trous aux extrémités de 4 feuilles de taille croissante. Enfiler une brindille de chaque côté.

5 Retourner les pentes du toit. Nouer un brin de raphia en bas pour bloquer la dernière feuille.

6 Assembler les pentes du toit en les posant sur les brindilles de la maison. En haut, faire reposer les pentes l'une sur l'autre.

7 Pour les barrières, couper 2 brindilles de 20 cm et des petits morceaux de 5 cm environ. Assembler les éléments avec du raphia.

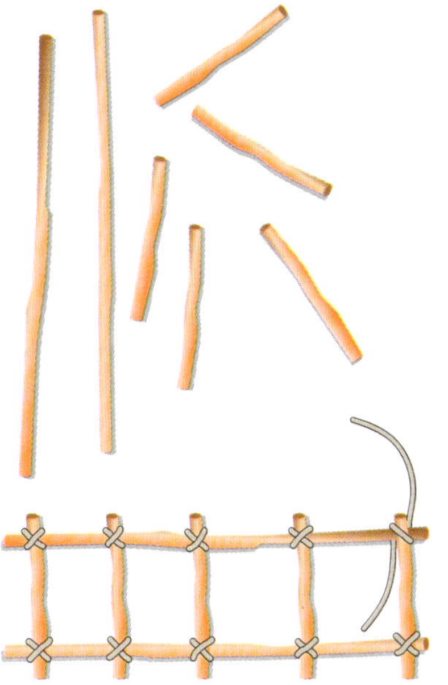

Figurines nature

Matériel

pâte à modeler autodurcissante, éléments naturels : tiges de bois droites et fines, mousse et feuilles séchées, écorce, graines, bourgeons... raphia, ciseaux, aiguille à laine.

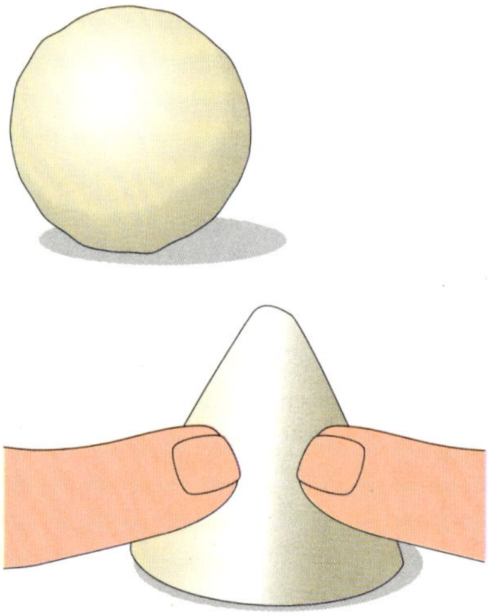

1 Prélever une boulette de pâte à modeler de la taille d'une noisette. La façonner en forme de cône.

2 Pour le « squelette » de la figurine, piquer une tige de bois d'environ 5 cm dans le socle de pâte. Laisser sécher.

3 Pour les vêtements, utiliser des feuilles et les attacher autour de la tige avec un petit lien de raphia.

Pour figurer les têtes, ajouter un peu de mousse ou percer un bourgeon avec l'aiguille à laine et le planter sur la tige.

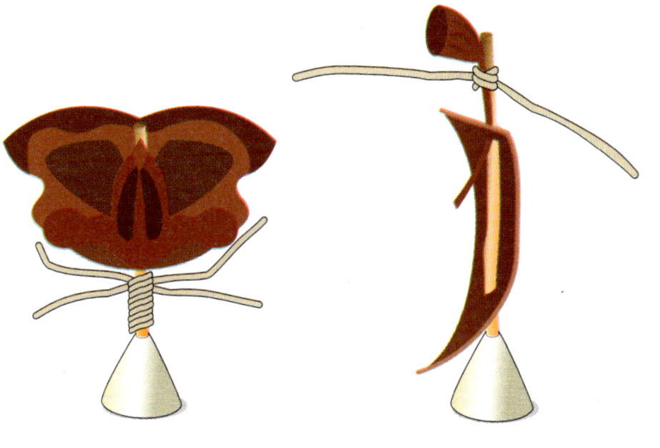

Pour l'oiseau, percer une graine de cèdre, l'enfiler sur la tige, et la recouper. Décorer la tige avec du raphia.

On peut aussi utiliser une gousse d'acacia et la queue d'une grosse feuille pour réaliser une figurine élancée.

Animaux tout ronds

Matériel

boules de polystyrène de 5 cm et 3 cm de diamètre, cure-dents, brochettes en bois, peinture, pinceaux, pâte à modeler autodurcissante.

Animaux debout

Les boules de polystyrène de ces modèles sont à couper par un adulte avec un couteau ou un cutter.

1 Recouper une grosse boule pour obtenir une base stable. Planter un cure-dents et piquer une autre boule pour la tête.

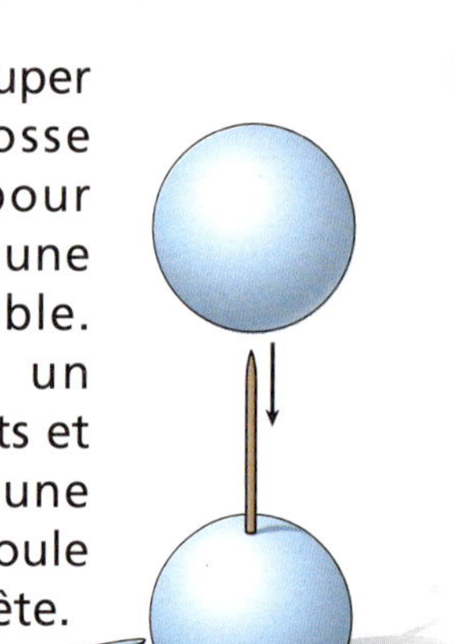

2 Pour les oreilles des animaux et le bec de l'oiseau, piquer des demi-boules ou des triangles coupés dans les chutes des bases.

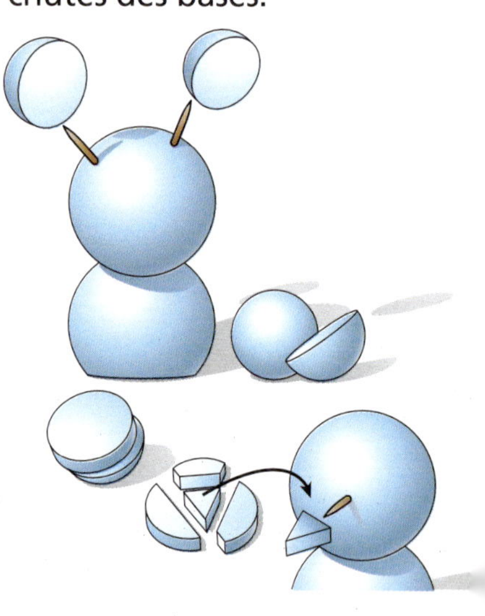

3 Peindre les animaux uniformément. Laisser sécher. Ajouter les détails avec un pinceau fin.

Chenille

Modeler des boules de pâte autodurcissante pour le nez et les antennes et les enfoncer sur des cure-dents. Laisser sécher.

Peindre tous les éléments séparément en piquant les boules sur des brochettes. Bien les laisser sécher. Assembler les éléments de la chenille avec des cure-dents.

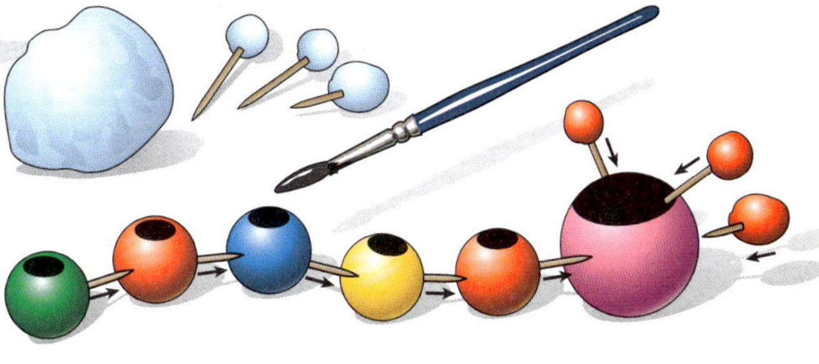

Anim' à pinces

Matériel

carton de récupération lisse et ondulé, pinces à linge en bois, crayon à papier, ciseaux, peinture, pinceaux, colle, yeux mobiles, papier fin, patrons page 244.

1 Reporter au crayon sur du papier fin les patrons des pièces page 244. Les découper. Pour ce jeu de construction, on peut également inventer ses propres formes.

2 Reporter les patrons sur du carton de récupération ou sur l'envers du carton ondulé. Découper toutes les pièces du jeu.

3 Peindre les pièces du jeu et quelques pinces à linge avec des couleurs vives unies. Les laisser sécher.

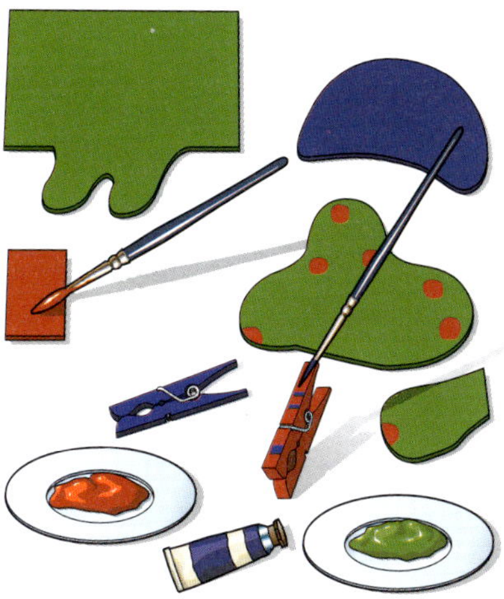

4 Rajouter des taches, des pois, des spirales ou des traits avec un pinceau fin. Laisser sécher les pièces.

5 Coller des yeux mobiles sur les pièces du jeu qui serviront de têtes aux animaux. Laisser sécher.

6 Assembler les pièces entre elles selon sa fantaisie en se servant des pinces à linge. Écarter les pinces qui servent de pattes pour que l'animal puisse tenir debout.

Toupies

Matériel

carton de récupération pas trop épais, brochettes en bois, crayon à papier, compas, ciseaux, colle, peinture, pinceaux, colle pailletée, papier blanc fin, patrons page 243.

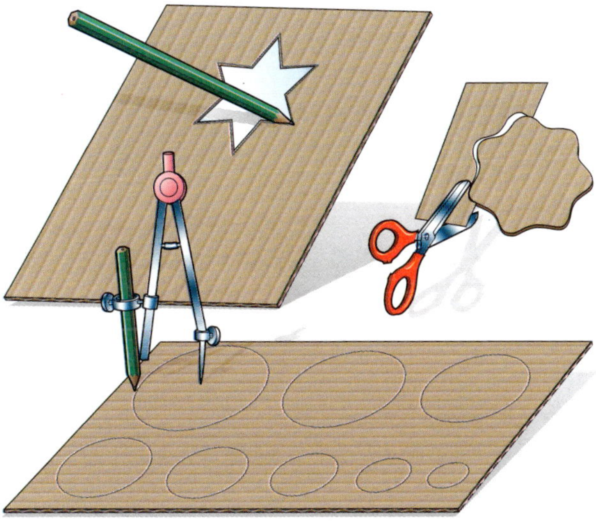

1 Pour la toupie à vagues ou les toupies en forme d'étoile, reporter au crayon le patron page 243 sur du papier blanc fin. Le découper. Reporter le patron sur le carton, puis découper la forme.

Pour la toupie ronde, dessiner au compas 8 cercles selon les diamètres suivants : 5 cm, 4,5 cm, 4 cm, 3,5 cm, 3 cm, 2,5 cm, 2 cm, 1,5 cm. Les découper.

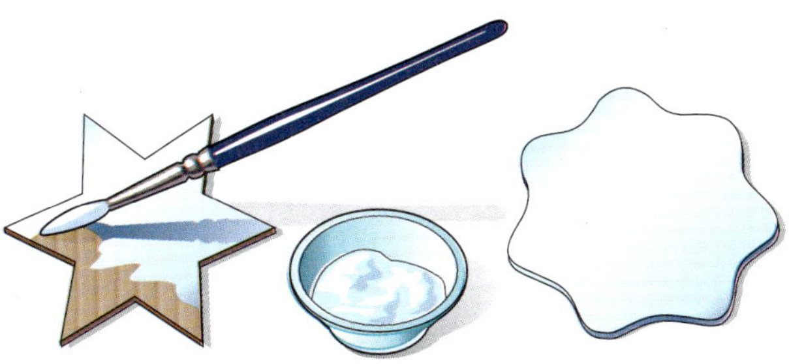

2 Passer une couche de peinture blanche sur les formes en carton. Les laisser sécher.

3 Les peindre dans des couleurs vives. Bien laisser sécher. Décorer avec d'autres couleurs ou appliquer un peu de colle pailletée.

4 Pour chaque toupie, demander à un adulte de recouper une brochette à 10 cm de la pointe. La peindre et la laisser sécher. Coller les cercles de la toupie ronde les uns sur les autres. Laisser sécher.

5 Déposer un point de colle au centre des formes. Enfoncer les brochettes en les faisant dépasser d'environ 2 cm. Bien laisser sécher les toupies avant de les faire tourner.

Guitares-fruits

Matériel

carton de récupération, crayon à papier, petite assiette, règle, peinture, pinceaux, colle, élastiques, ciseaux.

1 Pour la poire, dessiner une forme allongée d'environ 22 cm de haut et 19 cm de large. Ajouter une queue de 3 cm de haut et 2 cm de large. Pour l'orange, dessiner le rond en s'aidant d'une petite assiette. Ajouter la queue comme pour la poire. Mesurer un petit rectangle de carton de 8 × 2 cm.

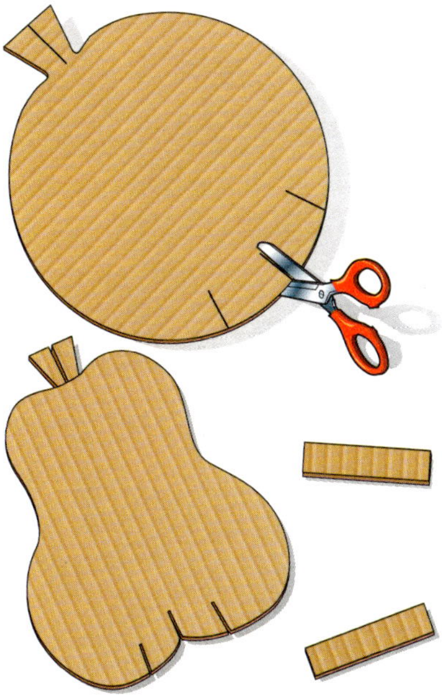

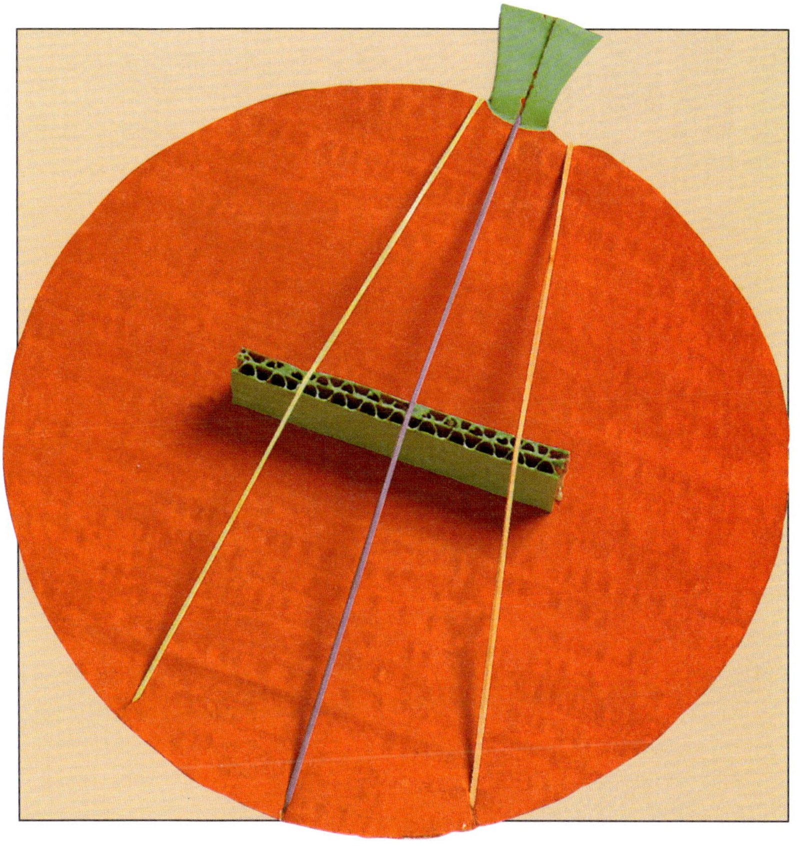

2 Découper le fruit et le rectangle. Aux ciseaux, faire une fente au milieu de la queue et 3 fentes en bas.

4 Déposer de la colle sur la tranche du petit rectangle de carton. Le coller au milieu du fruit. Laisser sécher.

6 Jouer de la guitare en pinçant ou en grattant les élastiques avec les doigts pour moduler les sons.

3 Peindre le fruit et la queue de deux couleurs différentes. Peindre le petit rectangle comme la queue. Laisser sécher.

5 Passer 3 élastiques autour du fruit: Les glisser dans les fentes pour les placer.

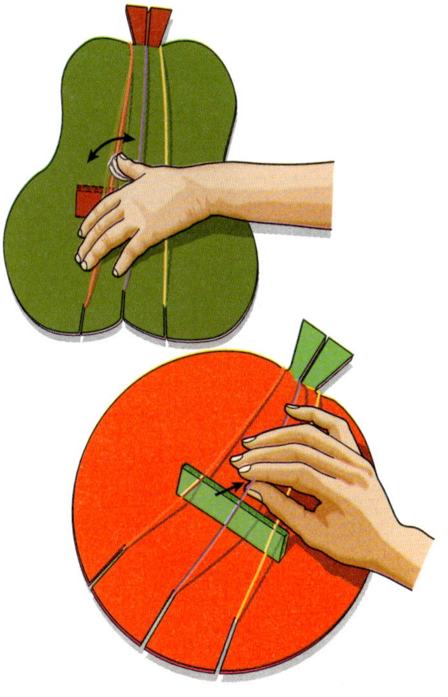

Maracas

Matériel

rouleau d'essuie-tout, carton fin, colle, scotch, ciseaux, règle, riz et lentilles, papier de couleur, cutter.

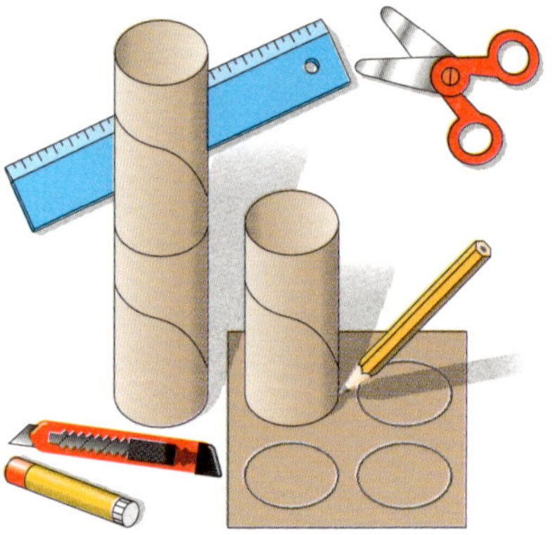

1 Marquer la moitié du rouleau d'essuie-tout. Demander à un adulte de le couper en 2 au cutter. Découper 4 rondelles du diamètre du rouleau dans du carton fin.

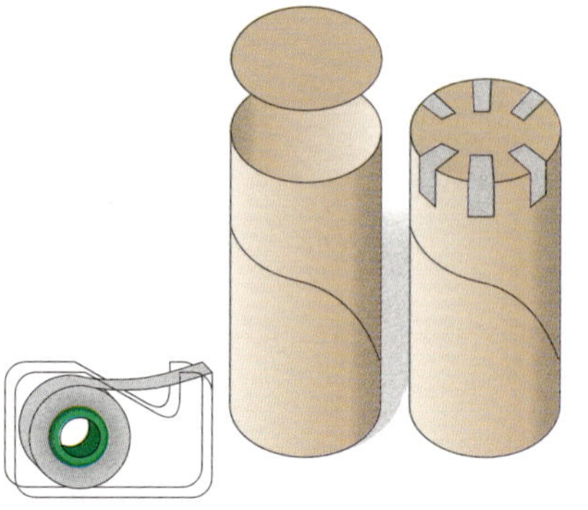

2 Boucher une des extrémités des tubes en scotchant des rondelles.

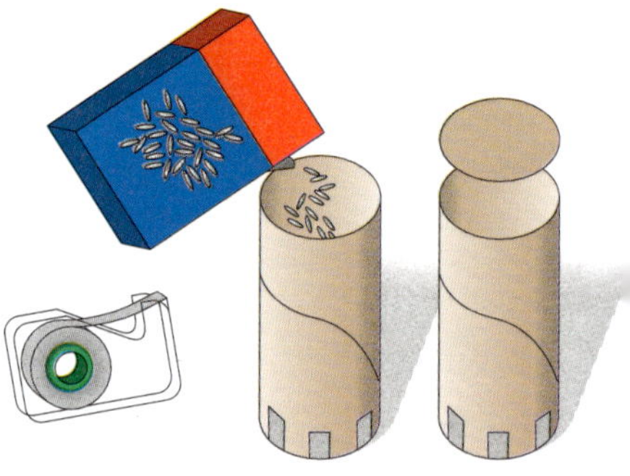

3 Remplir chaque tube à la moitié de graines différentes. Boucher l'autre extrémité des tubes avec les rondelles.

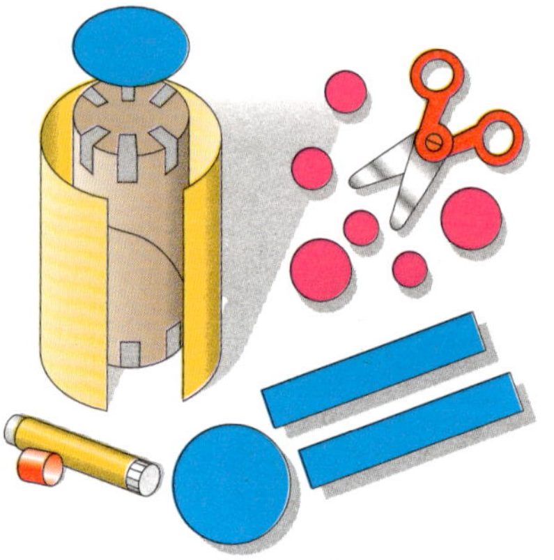

4 Coller une bande de papier de couleur autour de chaque tube et un rond à chaque extrémité. Décorer avec des motifs découpés selon sa fantaisie.

Tap-tap

1 Scotcher le fond et le couvercle de la boîte. Demander à un adulte de percer un trou du diamètre du bâton sur le rebord.

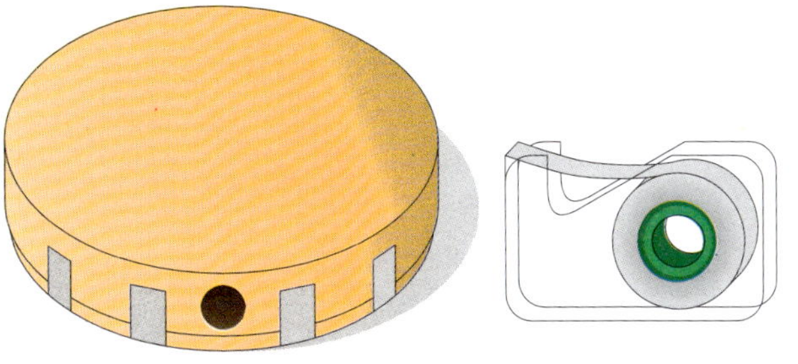

2 Découper et coller une bande de papier sur le rebord et un cercle sur chaque face. Décorer à sa guise la boîte et le bâton avec des motifs de papier découpés et collés, et de l'adhésif noir.

3 Demander à un adulte de percer un trou de chaque côté. Couper le fil en deux. Pour chaque brin, faire un nœud et enfiler une perle, glisser le fil dans la boîte en le faisant ressortir par le gros trou. Tirer, nouer et recouper le fil.

4 Tirer sur les perles. Glisser le bâton dans la boîte et le fixer avec de l'adhésif noir.

Matériel

boîte à fromage, colle, scotch, papier de couleur, 2 perles, 1 fil à scoubidou, ciseaux, adhésif plastifié noir, 1 bâton de 20 cm.

Poupées en raphia

Matériel
raphia naturel ou de couleur, règle, ciseaux, élastiques.

1 Mesurer et couper une poignée de brins de raphia de 40 cm de long.
Placer un élastique à environ 5 cm de l'extrémité des brins de raphia ou un peu plus loin pour les cheveux longs. Enrouler l'élastique plusieurs fois pour maintenir les brins bien serrés.

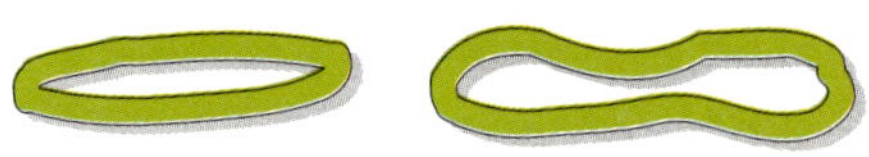

2 Placer un deuxième élastique environ 7 cm sous le premier pour le bas de la tête.

3 Pour les bras, prendre quelques brins de chaque côté du corps. Serrer avec un élastique à mi-hauteur. Couper pour les mains.

4 Placer l'élastique du corps. Séparer les brins des jambes. Serrer avec un élastique. Égaliser les bouts.

Variantes

Pour faire une natte, pour les bras ou les jambes, diviser les brins de raphia en 3. Passer alternativement les brins droits sur les brins du milieu, puis les brins gauches sur les brins du milieu. Arrêter avec un élastique.

Pour la poupée orange et verte, maintenir les brins du corps au milieu par un élastique. Tresser la tête puis séparer les jambes.

Pour la jupe, couper des brins de raphia de 14 cm. Les attacher avec un élastique autour de la taille.

Robots-bouchons

Matériel

bouchons de liège,
vis et trombones,
boules de cotillon,
peinture argentée
et de couleur,
papier épais,
ciseaux, colle,
cure-dents et
allumettes,
feutre noir.

1 Pour chaque robot, demander à un adulte de découper une grosse rondelle de bouchon pour la tête, une plus fine pour la mâchoire, 2 demi-rondelles pour les pieds. Peindre tous ces éléments et un bouchon entier pour le corps, en gris ou argenté. Laisser sécher.

2 Pour les oreilles, le nez, les antennes, peindre des trombones tordus, des vis ou des allumettes avec des couleurs vives. Peindre 5 cure-dents en noir par robot.

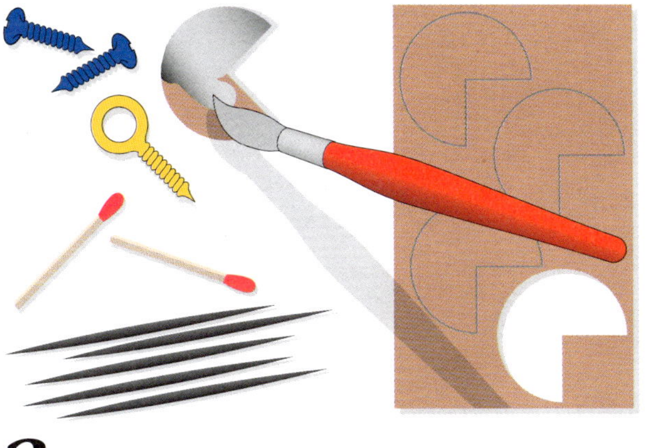

3 Découper dans du papier épais 4 mains-pinces. Les peindre. Laisser sécher.

4 Assembler le robot en plantant les cure-dents dans les éléments en bouchon. Enfoncer les antennes, le nez, les oreilles... Coller les mains. Dessiner les yeux au feutre.

Pour personnaliser les robots, peindre une immatriculation ou coller un petit insigne de papier découpé et peint.

À quoi joue-t-on ?

Matériel

1 carré de carton de 30 cm de côté, papier blanc et de couleur, compas, gommettes rondes, 1 attache parisienne, crayon à papier, règle, feutres, colle, ciseaux.

1 Mesurer puis découper un carré de papier bleu clair de mêmes dimensions que le carré de carton. Coller le papier sur le carton.

2 Avec un compas, tracer un cercle de 16 cm de diamètre sur du papier d'une couleur différente. Le découper, puis le coller en le centrant sur le carré de carton recouvert de papier. Laisser sécher.

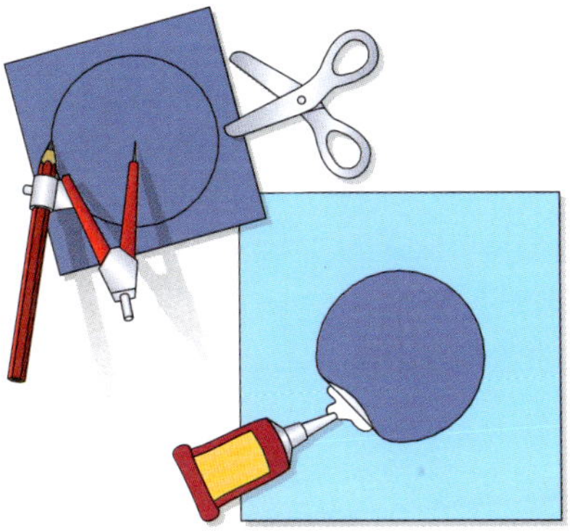

À quoi joue-t-on ? À la marelle, à chat ou à la dînette ? Pour le savoir, il faut faire tourner la flèche et attendre qu'elle désigne une activité.

3 Dessiner une flèche d'environ 6,5 cm de long sur du papier de couleur. La découper. Demander à un adulte de percer un trou au bout et y glisser l'attache parisienne.

4 Demander à un adulte de percer un second trou au centre du cercle. Enfiler l'attache dans le trou. Retourner le cadran et écarter les deux tiges de l'attache.

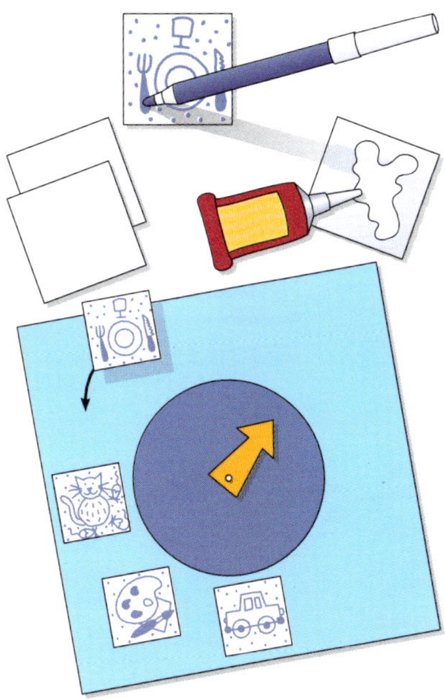

5 Découper 7 carrés de papier blanc de 5,5 cm de côté. Sur chaque carré, dessiner un jeu. Les coller autour du cercle.

6 Découper 2 étoiles de papier de couleurs différentes. Les coller l'une sur l'autre au-dessus du cercle. Décorer avec des gommettes.

Marionnettes

Matériel

papier de couleur épais, tasse, papier crépon, yeux mobiles, colle, boules de cotillon, ciseaux, scotch double-face, scotch, gommettes, crayon à papier.

1 Dessiner un cercle à l'aide d'une tasse sur du papier de couleur. Dessiner des bras longs, une bouche et un chapeau. Découper tous les éléments ainsi que des bandelettes de papier crépon pour les cheveux.

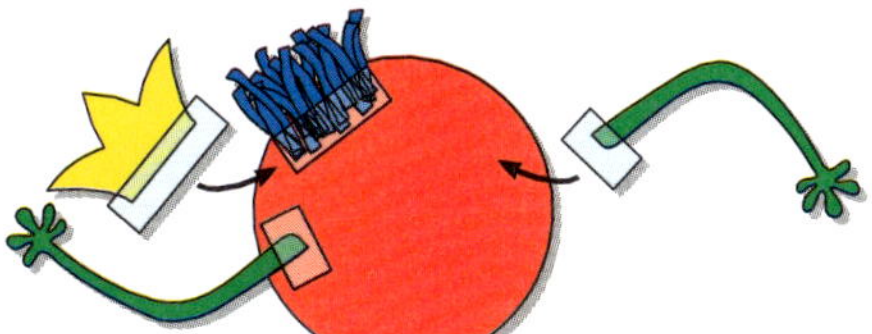

2 Scotcher les bras, les cheveux et le chapeau au dos du rond. Sur le devant, coller une boule de cotillon pour le nez, les yeux mobiles, la bouche et 2 gommettes pour les joues.

3 Demander à un adulte de découper aux ciseaux, ou au cutter, 2 petits ronds du diamètre des doigts sous la bouche.

4 Pour les chaussures, découper 2 ovales, les décorer et fixer un scotch double-face sur le talon. Glisser les doigts dans la marionnette. Coller les chaussures au bout des doigts.

Course de souris

Matériel

pâte autodurcissante, cure-dents, colle, ciseaux, yeux mobiles, fil de fer fin, 4 cordelettes de 1 m, 4 bâtonnets de bois, 1 couteau rond, 1 brochette en bois, peinture, pinceaux, eau.

1 Modeler une boule de pâte allongée et 2 oreilles. Faire 2 fentes, humidifier, glisser les oreilles. Piquer une boule pour le nez avec un cure-dents. Faire un trou avec la brochette sous le nez et pour la queue. Pour les essieux, transpercer 2 fois la souris avec la brochette. Modeler 4 roues et y creuser un trou.

2 Couper 6 morceaux de fil de fer de 2 cm. Les encoller et les piquer dans le museau. Laisser sécher selon les indications du fabricant.

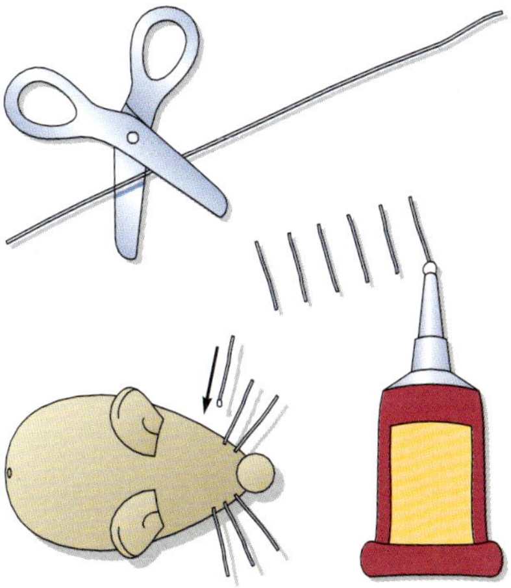

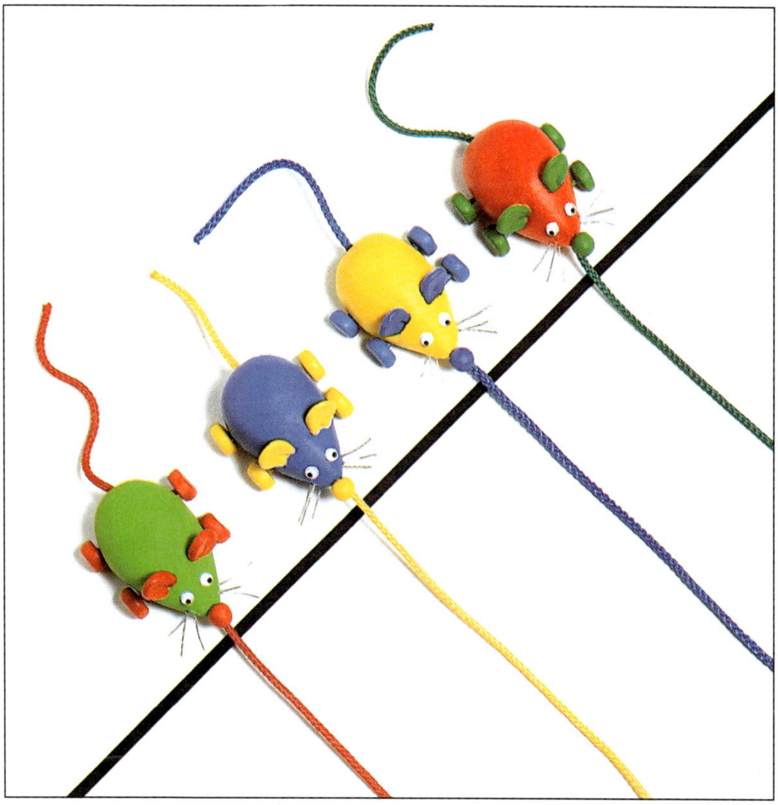

3 Peindre la souris d'une couleur, puis les oreilles, le nez, les roues et 2 cure-dents d'une autre couleur. Laisser sécher.

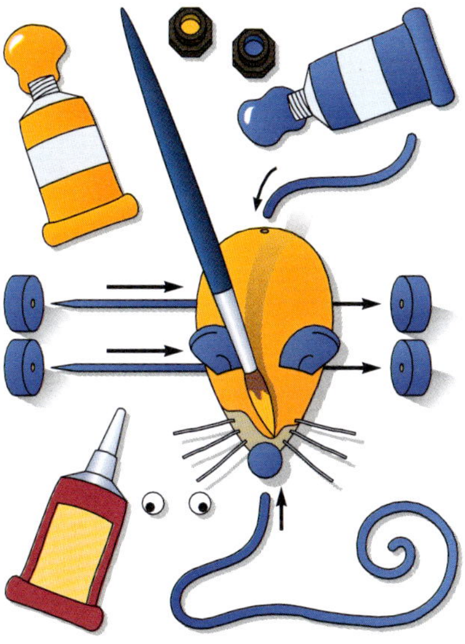

4 Assembler les roues en les collant sur les cure-dents. Couper 10 cm de cordelette. Coller le petit morceau pour la queue et le grand sous le nez. Ajouter les yeux mobiles.

5 Attacher l'extrémité de la cordelette au bâtonnet par 2 nœuds.

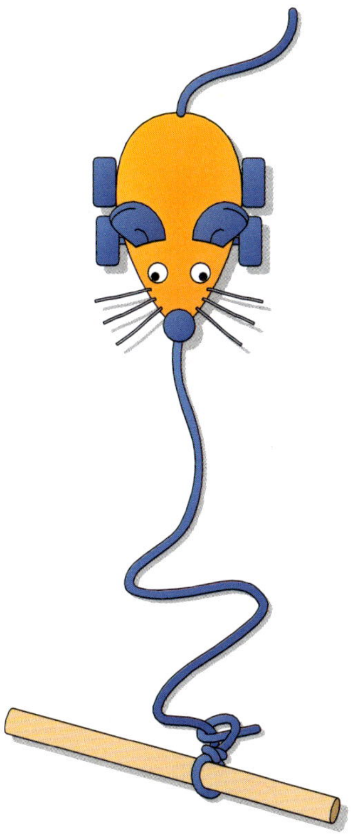

Règle du jeu

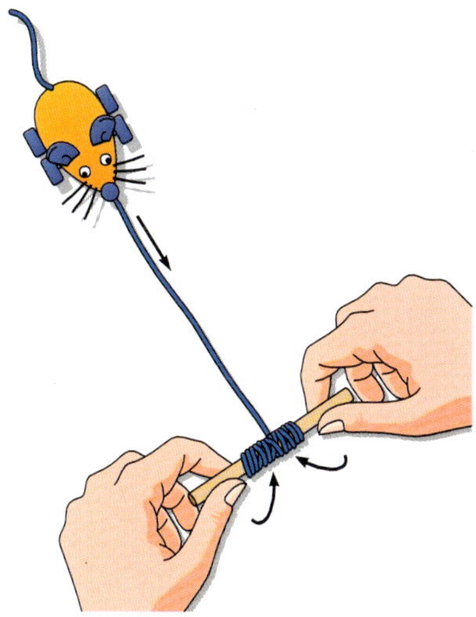

Aligner toutes les souris sur une ligne imaginaire avec les ficelles tendues devant.
Au top-départ, chaque joueur enroule vite la cordelette de sa souris autour du bâtonnet pour la faire avancer. Le premier qui termine a gagné !

Carton-ville

Matériel

carton épais, boîtes en carton, bouchons de liège, peinture, pinceaux, ciseaux, règle, carton ondulé rouge, colle, boules de cotillon de différentes tailles, ruban adhésif blanc, cure-dents.

1 Demander à un adulte de découper dans du carton des plaques de 40 cm de côté. Sur chacune, tracer 4 carrés de 15 cm de côté aux coins. Les peindre en vert. Laisser sécher.

2 Peindre la croix en noir. Laisser sécher. Découper des morceaux d'adhésif blanc et les coller pour marquer le milieu des routes.

3 Peindre des boîtes en blanc. Laisser sécher. Découper des rectangles de carton ondulé en adaptant la taille à celle des boîtes. Les plier en deux. Les coller sur les maisons. Demander à un adulte de couper des bouchons en biais. Les coller sur les toits.

4 Pour les immeubles, peindre des boîtes plus grandes ou plus hautes en blanc ou en gris. Laisser sécher, puis peindre des petits carrés noirs pour les fenêtres.

5 Pour les feux tricolores, coller 3 boules de cotillon peintes en vert, en orange et en rouge sur un rectangle de 1,5 × 5 cm de carton peint en noir.

6 Demander à un adulte de couper des rondelles de bouchon. Peindre les rondelles et des cure-dents. Piquer dans les rondelles des grosses boules de cotillon peintes en vert pour les arbres, des morceaux de carton géométriques pour les panneaux ou les feux.

Jeu des escargots

Matériel

carton, colle, papier quadrillé (carreaux de 1 cm), papier de 5 couleurs différentes, règle, crayon à papier, pailles, ciseaux, 8 gommettes, coquilles d'escargot, peinture et pinceaux.

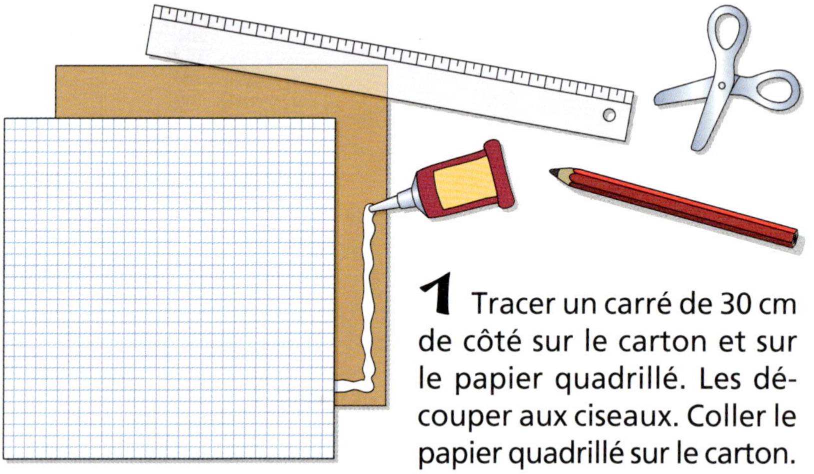

1 Tracer un carré de 30 cm de côté sur le carton et sur le papier quadrillé. Les découper aux ciseaux. Coller le papier quadrillé sur le carton.

2 Tracer, à la règle, 1 carré de 8 cm de côté sur du papier de couleur. Tracer sur chacun des 4 autres papiers de couleur 8 carrés de 4 cm de côté. Découper tous les carrés.

3 Sur le papier quadrillé, dessiner un grand carré en laissant 3 carreaux de marge tout autour. Continuer le tracé en colimaçon comme sur le dessin.

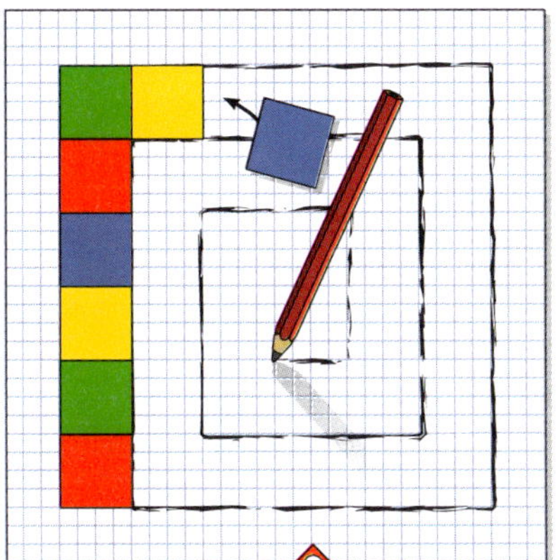

4 Coller les petits carrés de papier en alternant les couleurs. Coller le grand carré au centre.

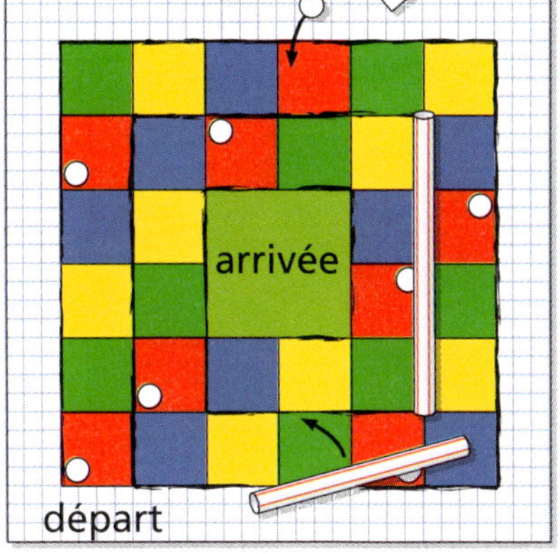

5 Coller les 8 gommettes sur tous les carrés d'une même couleur.
Découper les pailles, puis les coller en suivant le dessin du colimaçon.

6 Peindre les coquilles d'escargot de différentes couleurs. Laisser sécher.

Règle du jeu

Ce jeu se joue selon le principe du jeu de l'oie. Lorsqu'un des escargots tombe sur une case avec une gommette, le joueur relance le dé.

Jeu de pêche

Matériel

carton, ciseaux,
crayon à papier,
papier crépon de différentes couleurs,
scotch double-face,
colle, peinture,
pinceaux,
gommettes,
perles à gros trous,
grands trombones,
fil à scoubidou,
50 cm de baguette en bois,
patrons page 246.

1 Au crayon, reporter les patrons des poissons page 246 sur du carton. Découper les poissons.

2 Peindre les poissons d'une couleur unie. Laisser sécher. Peindre l'autre face. Laisser sécher. Découper des écailles dans plusieurs épaisseurs de papier crépon en même temps.

4 Superposer des gommettes de différentes tailles pour les yeux. Pour l'attache, encoller un trombone et l'enfoncer dans l'épaisseur du carton. Laisser sécher. Demander à un adulte de le recourber.

5 Peindre la baguette. Laisser sécher. Attacher le fil à scoubidou à une des extrémités. Déplier un trombone pour former un hameçon. Enfiler les perles, passer l'hameçon. Repasser le fil dans les perles. Faire un nœud.

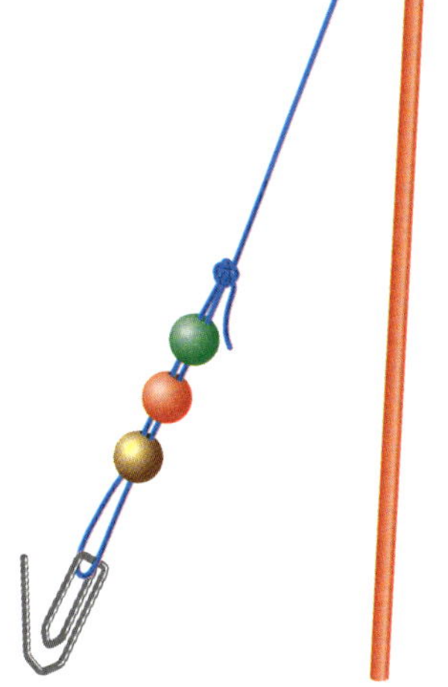

3 Fixer les écailles avec du scotch double-face, en commençant par la queue et en les faisant se chevaucher. Finir par des écailles plus petites pour délimiter la tête. Recouvrir les 2 faces.

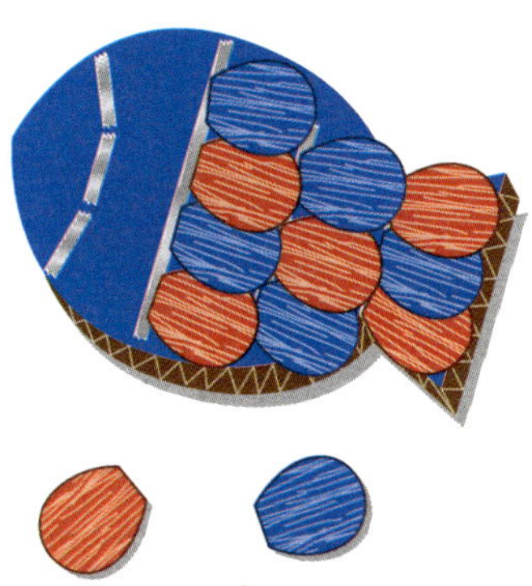

Mini-marionnettes

Matériel

papier de couleur, crayon à papier, gommettes, colle, yeux mobiles, ciseaux, règle, perforatrice.

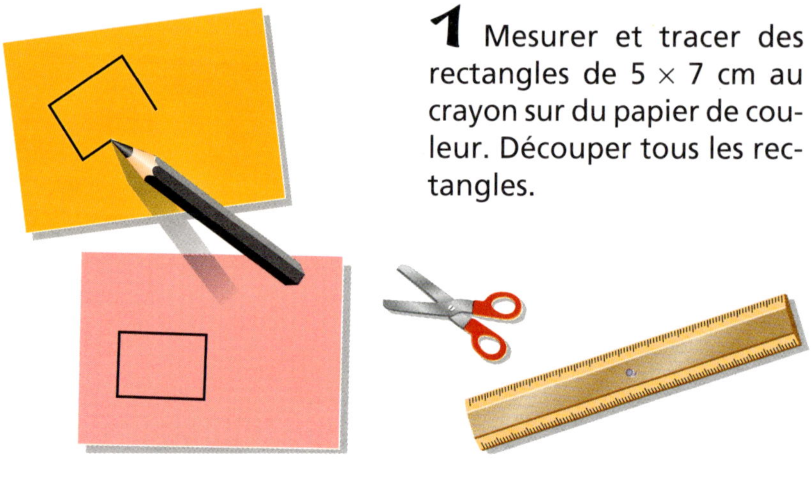

1 Mesurer et tracer des rectangles de 5 × 7 cm au crayon sur du papier de couleur. Découper tous les rectangles.

2 Encoller un des petits côtés des rectangles et former des tubes en faisant chevaucher les extrémités sur 1 cm environ. Laisser sécher.

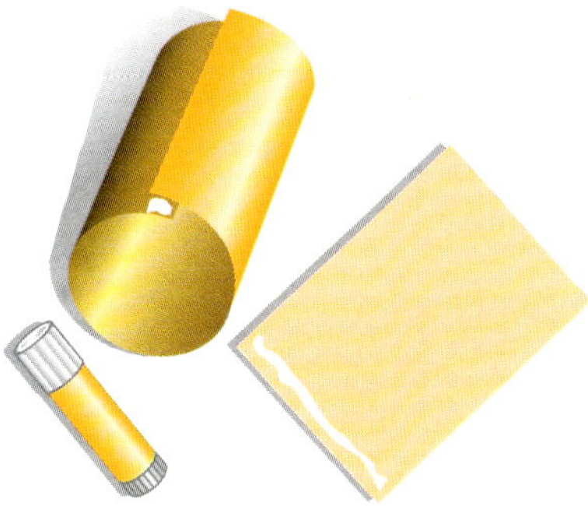

3 Dessiner les oreilles : des triangles ou des bandes arrondies. Les découper. Pour la crête du coq, coller 2 gommettes en forme de pétale dos à dos ou la découper dans du papier rouge.

4 Coller les oreilles et la crête à l'intérieur des tubes en les faisant dépasser.

5 Coller des gommettes rondes, rectangulaires ou en forme de goutte pour les museaux, la tache du chien et les barbillons du coq. Couper des petites bandes de gommettes pour les moustaches du lapin.

6 Pour les narines, découper des petits ronds de papier avec une perforatrice. Les coller. Coller 2 yeux mobiles sur chaque marionnette.

Glisser les mini-marionnettes sur ses doigts pour inventer plein d'histoires.

Dominos

Matériel
carton de récupération, règle, peinture, crayon à papier, pinceaux, gommettes, ciseaux.

1 Sur du carton, tracer une trentaine de rectangles de 10 × 5 cm. Les découper aux ciseaux ou demander à un adulte de les découper au cutter. Diviser chaque rectangle en deux parties égales par un trait de crayon léger.

3 Pour être sûr que les dominos pourront se raccorder, les disposer côte à côte en faisant correspondre leurs couleurs.

4 Coller des gommettes de part et d'autre des dominos en variant le nombre de gommettes, leur forme et leur couleur. Répéter le même motif sur 2 côtés de 2 dominos qui se suivent.

2 Choisir quelques couleurs vives. Peindre chaque domino de 2 couleurs différentes. Les peindre sur les 2 faces sans oublier les bords. Laisser sécher entre chaque face.
Souligner la séparation des 2 côtés du domino par un trait fin d'une autre couleur. Bien laisser sécher.

Règle du jeu

Les joueurs se partagent les dominos en nombre égal. S'il reste des dominos, ils forment la pioche. Chaque joueur essaie de raccorder un de ses dominos au jeu. S'il n'y parvient pas, il pioche ou il passe son tour. Le premier qui a posé tous ses dominos a gagné.

Jeu de quilles

Matériel

rouleaux d'essuie-tout, ciseaux, boules de polystyrène de 7 cm de diamètre, yeux mobiles, peinture, papier de couleur, pinceaux, colle, boules de cotillon de différentes tailles, brochettes en bois, cure-dents, feutre indélébile noir.

1 Peindre les rouleaux. Piquer les boules de polystyrène sur des brochettes et les peindre. Bien laisser sécher.

2 Encoller une des extrémités des rouleaux. Poser les boules dessus. Laisser sécher.

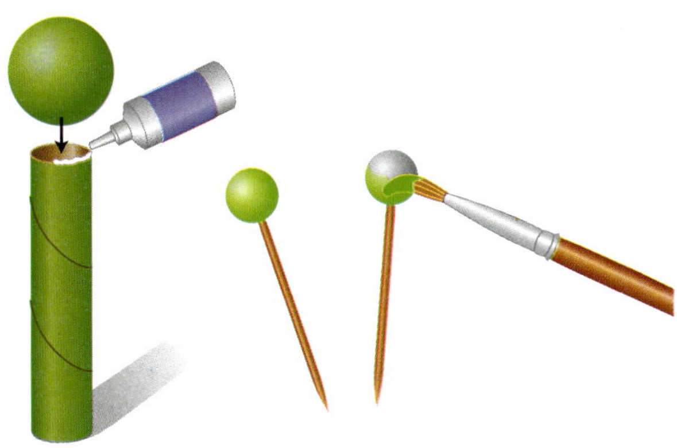

3 Pour les cornes, les museaux, les yeux de la grenouille, les antennes : peindre des boules de cotillon de différentes tailles en les piquant sur des brochettes. Pour le museau du singe, demander à un adulte de recouper une boule. Laisser sécher.

4 Demander à un adulte de recouper des morceaux de brochettes pour les antennes. Les peindre. Laisser sécher.

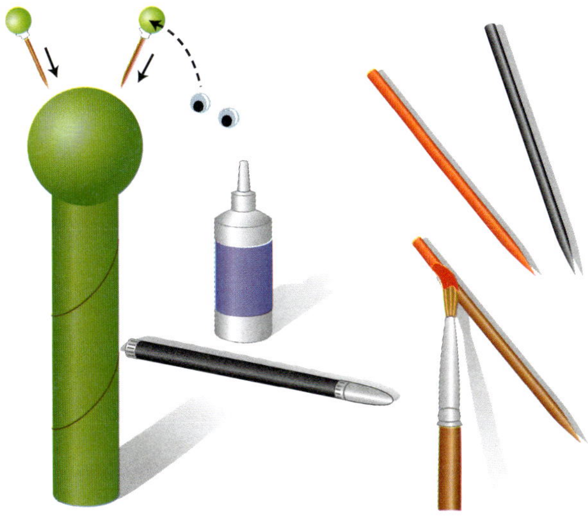

5 Coller les museaux, et les yeux de la grenouille sur des cure-dents. Ajouter une goutte de colle à la base des boules et les piquer sur la tête. Pour les antennes, encoller les morceaux de brochettes, puis les planter dans la tête. Coller les yeux mobiles.

6 Découper des motifs de papier, puis les coller. Découper des oreilles. Demander à un adulte de faire des encoches dans la tête. Encoller les oreilles et les glisser dans les encoches. Peindre ou dessiner au feutre les narines et la bouche.

Jeu de mémoire

Matériel
revues et catalogues publicitaires en double exemplaire, papier à dessin de 2 couleurs contrastées, colle, crayon à papier, règle, ciseaux.

1 Coller 2 feuilles de papier de 24 × 30 cm de couleurs différentes l'une sur l'autre. Laisser sécher.

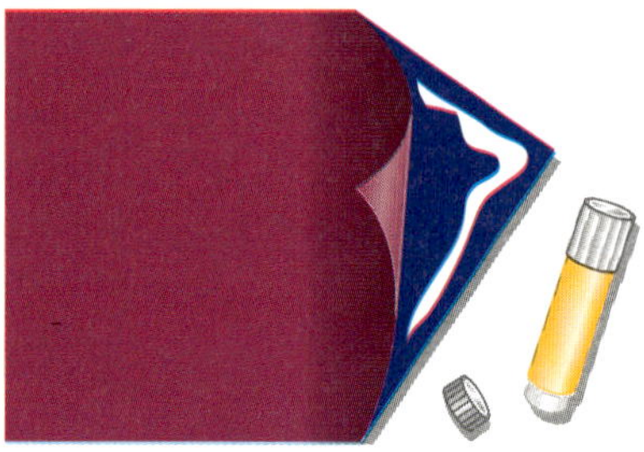

2 Mesurer et tracer 20 carrés de 6 cm de côté. Les découper aux ciseaux.

3 Feuilleter les revues et les catalogues. Sélectionner des images d'assez petite taille pour pouvoir les coller sur les carrés de papier. Découper chaque image en double exemplaire.

4 Coller les images au centre des carrés de papier, toujours sur la même couleur.

Règle du jeu

Retourner toutes les cartes, face contre la table. Bien les mélanger et les disposer en carré. Chaque joueur, à tour de rôle, retourne 2 cartes en essayant de retrouver des paires. S'il y parvient, il ramasse les cartes et rejoue. S'il n'y parvient pas, il replace les cartes face contre la table. Celui qui a retrouvé le plus de paires a gagné.

Du jour de l'An à la Saint Sylvestre, les occasions de faire la fête ne manquent pas ! Voici des réalisations variées que les enfants peuvent fabriquer tout au long de l'année : des masques pour le carnaval, des cloches et des œufs décorés pour Pâques, des citrouilles et des fantômes pour Halloween, une crèche et des décorations pour Noël...

Pour les goûters d'anniversaire, les enfants peuvent aussi créer des couronnes et des loups, des ballons déguisés, des guirlandes de bonbons... La maison tout entière sera de la fête !

L'ANNÉE EN FÊTE

Masques en fête

Matériel

assiettes en carton, ciseaux, crayon à papier, peinture, pinceaux, colle, bol, élastique, gommettes, plumes, 30 cm de chenille verte, papier vert, vernis, papier blanc fin, patrons page 243.

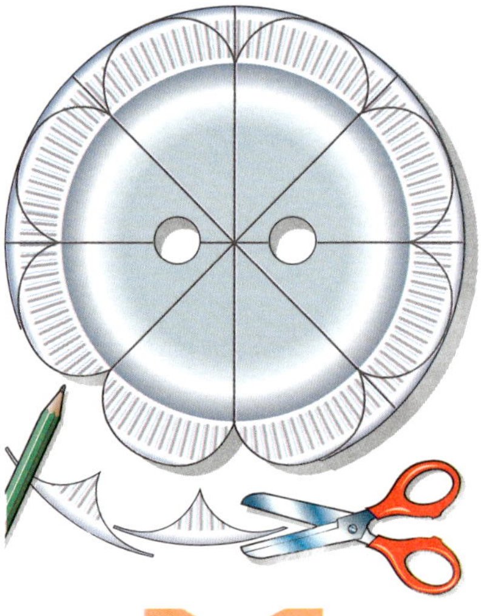

Fleur

1 Demander à un adulte de découper 2 ronds de 2 cm de diamètre, espacés de 3 cm pour les yeux, dans une assiette en carton. Tracer 4 lignes sur l'endroit de l'assiette pour la diviser en 8 quartiers. Dessiner un arrondi sur le haut de chaque quartier. Les découper aux ciseaux.

2 À l'aide d'un bol, tracer sur l'envers de l'assiette un cercle pour le cœur. Peindre le cœur en jaune, puis les pétales d'une autre couleur. Laisser sécher. Vernir (facultatif). Coller des gommettes autour du cœur.

3 En bas du masque, demander à un adulte de percer 2 trous à 1,5 cm de distance. Glisser la chenille. Découper 6 feuilles doubles d'après le patron. Les coller à cheval sur la chenille.

4 Demander à un adulte de percer un petit trou de chaque côté du masque. Enfiler l'élastique et faire un nœud.

Oiseau

1 Demander à un adulte de découper les yeux (étape 1 de la fleur). Faire des taches de couleur à la peinture sur l'envers de l'assiette. Laisser sécher. Vernir (facultatif).

2 Reporter le bec à l'aide du patron sur du papier de couleur. Le plier au milieu et rabattre les languettes.

3 Coller le bec sur le masque, et des plumes sur le haut. Laisser sécher. Fixer l'élastique comme pour la fleur.

Petits loups

Matériel

carton ondulé de différentes couleurs, papier de couleur, colle pailletée, colle, ciseaux, agrafeuse, élastique, compas, crayon à papier, papier blanc fin, patrons page 245.

1 Reporter le patron de la page 245 sur l'envers du carton ondulé. Placer les cannelures du carton à l'horizontale ou à la verticale selon le modèle. Découper le loup.

2 Demander à un adulte de découper des yeux ronds ou en amande. Agrafer un élastique de chaque côté.

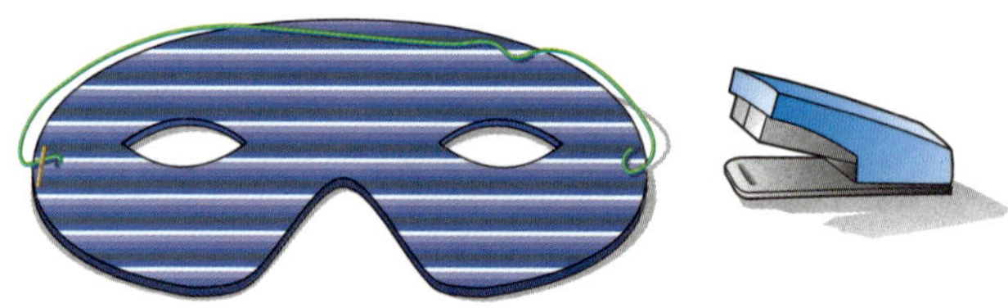

Loup à paillettes

1 Découper dans du carton ondulé d'une autre couleur, 2 formes pour les sourcils. Les coller sur le loup.

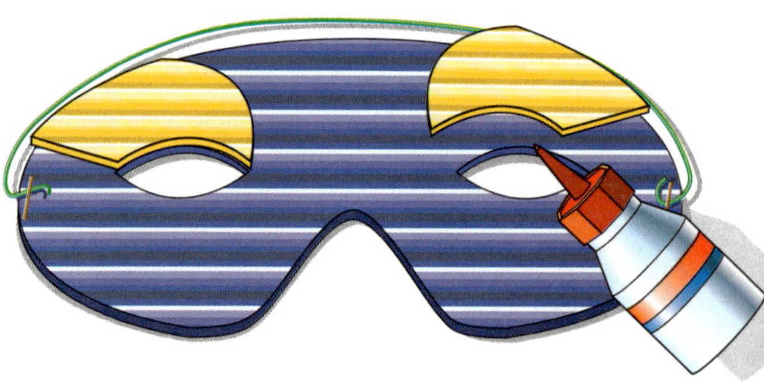

2 Décorer le loup avec de la colle pailletée en suivant les cannelures du carton. Laisser sécher.

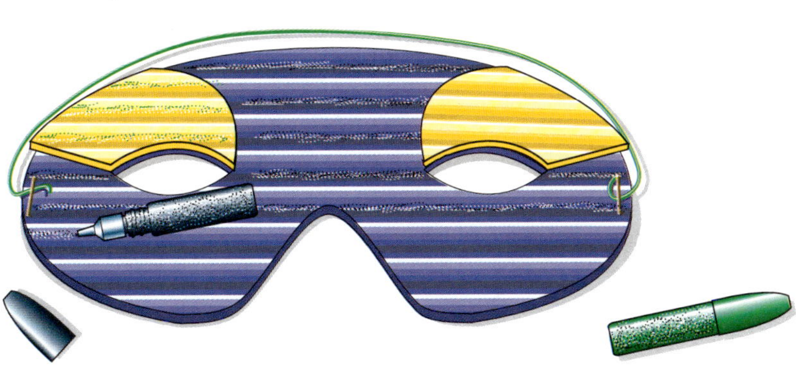

Loup à 2 spirales

1 Tracer des cercles de 7 cm de diamètre : 2 d'une couleur et 2 d'une autre. Les découper en spirale en évidant bien le centre.

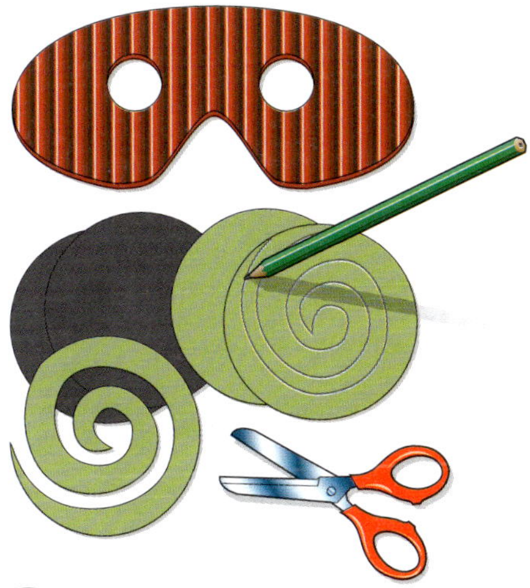

2 Les coller autour des yeux en les superposant.

Loup fleur

1 Découper 20 pétales de tailles différentes et les coller sur le loup.

2 Tracer 2 cercles de 5 cm de diamètre. Les découper en spirale et les coller autour des yeux.

Couronnes

Matériel

carton ondulé de couleur, papier métallisé, plumes de différentes couleurs, colle, crayon à papier, règle, ciseaux, agrafeuse, papier de soie, papier vert, patron page 243.

Couronne à plumes

1 Tracer sur l'envers du carton ondulé une bande de 56 × 10 cm en veillant à placer les cannelures à la verticale. La découper. Reporter le patron des pointes. Les découper.

2 Découper des petits triangles dans le papier métallisé et les coller sur les pointes . Ajuster la taille de la couronne et l'agrafer. Coller des plumes tout autour. Laisser sécher.

Couronne à fleurs

1 Sur l'envers du carton ondulé, tracer une bande de 9 × 56 cm en plaçant les cannelures à la verticale. La découper.

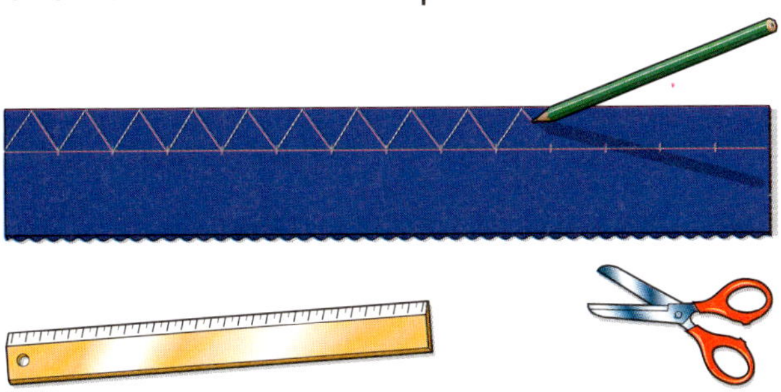

2 Tracer une ligne à 3 cm du bord. Marquer un repère tous les 4 cm. Dessiner les crans entre les repères. Les découper. Agrafer la couronne à la taille de la tête.

3 Découper 6 bandes de papier de soie de 32 × 6 cm. Plier chaque bande en accordéon de 4 cm de large. Découper des pétales. Déplier.

4 Enrouler la bande sans trop serrer. Vriller l'extrémité. Coller les fleurs tout autour de la couronne. Découper des feuilles dans du papier vert et les coller entre les fleurs.

Hochets de fête

Matériel

rouleau en carton de papier cadeau, papier d'aluminium, papier crépon de différentes couleurs, ciseaux, crayon à papier, scotch, règle.

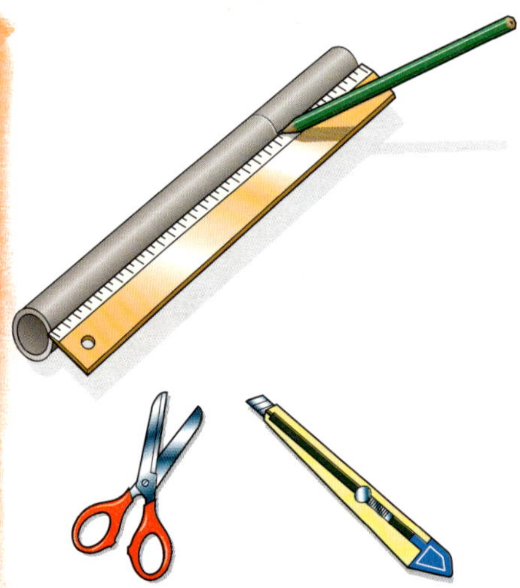

1 Pour le manche, demander à un adulte de mesurer et de couper un tronçon de rouleau en carton de 23 cm de long.

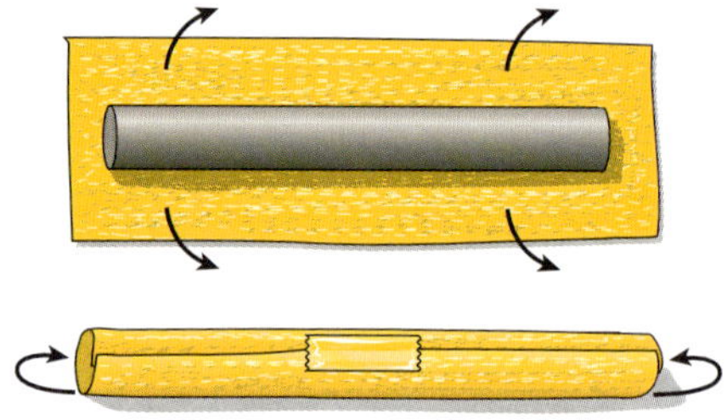

2 Découper une bande d'aluminium ou de crépon de 15 × 30 cm. L'enrouler autour du rouleau. La scotcher. Rabattre les 2 extrémités dans le rouleau.

3 Découper un rectangle de papier crépon de 60 × 50 cm. Découper des franges de chaque côté en laissant 10 cm au milieu.

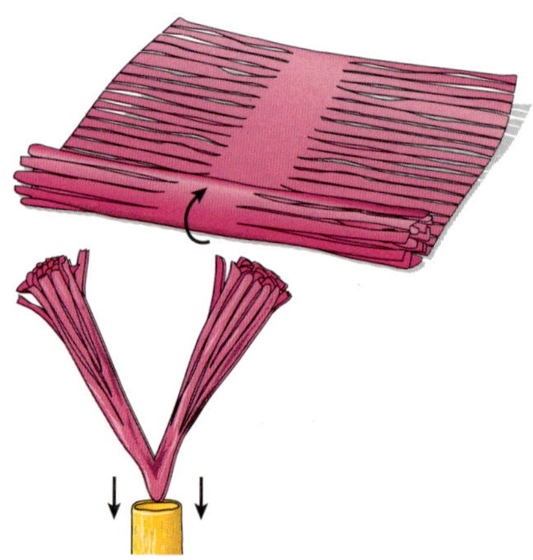

4 Former un rouleau. Le plier en deux. L'enfoncer dans le manche.

Baguettes de fée

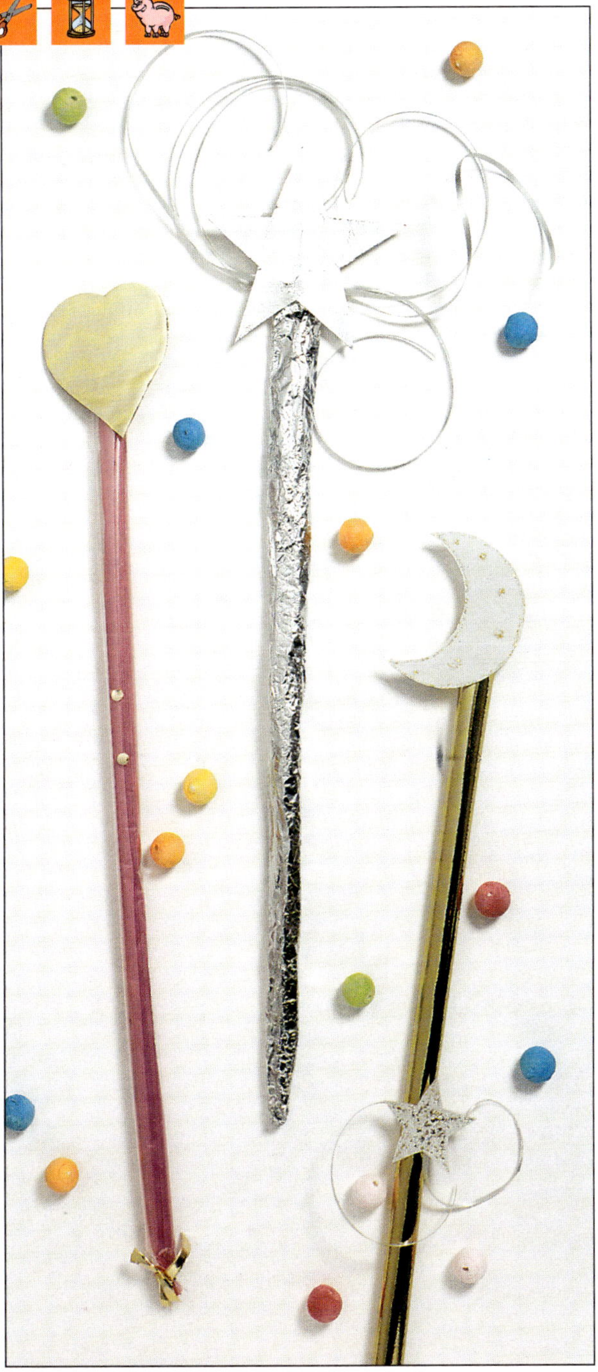

1 Découper une bande de papier de 8 × 45 cm. L'enrouler autour de la baguette. Agrafer ou scotcher à chaque extrémité.

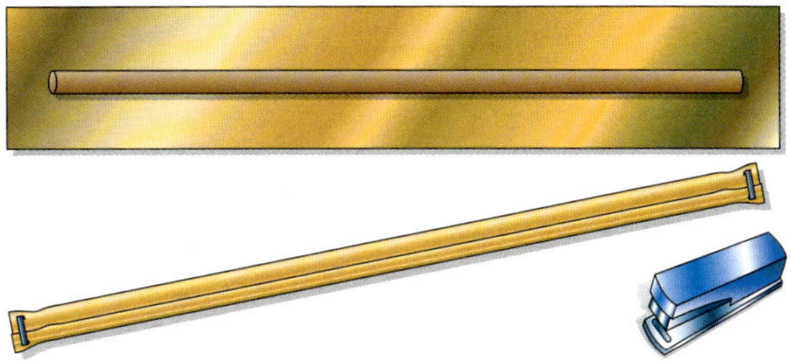

2 Reporter le motif choisi sur du bristol à l'aide du patron page 245. Pour un motif métallisé, découper la même forme dans le papier choisi et la coller sur le motif de bristol.

3 Scotcher le motif sur la baguette. Décorer avec un autre motif plus petit, avec des morceaux de bolduc ou avec de la colle pailletée.

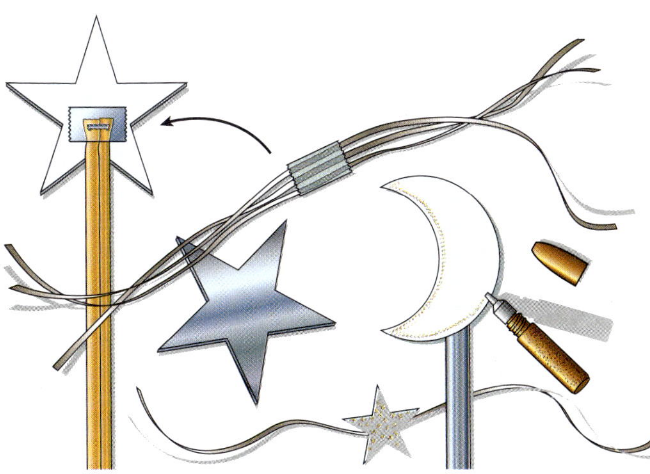

Matériel

baguettes en bois de 40 cm, papiers divers, bolduc, bristol, agrafeuse, scotch, colle, colle pailletée, crayon à papier, patrons page 245.

Ballons farfelus

Matériel

ballons de baudruche, rubans adhésifs de couleur, gommettes, scotch double-face, papier crépon, papier épais, boîte d'œufs en carton, carton, carton ondulé, peinture, compas, ciseaux, règle, crayon à papier, bol, ficelle.

1 Gonfler les ballons sans les remplir d'air complètement. Demander à un adulte de les nouer. Poser le ballon sur un bol, en plaçant le nœud vers le haut ou vers le bas.

2 Découper des morceaux de rubans adhésifs de différentes longueurs et les coller sur le ballon pour les yeux et la bouche.

3 Pour le nez, couper le bout d'un ballon dégonflé. Maintenir l'extrémité repliée avec du scotch double-face. Fixer le nez au milieu de la tête.

4 Pour les cheveux, découper des bandes de crépon d'environ 14 cm de long. Les coller par le milieu avec du scotch double-face.

5 Pour le chapeau pointu, découper un demi-cercle de papier de 17 cm de diamètre. L'enrouler en le collant sur 2 cm.

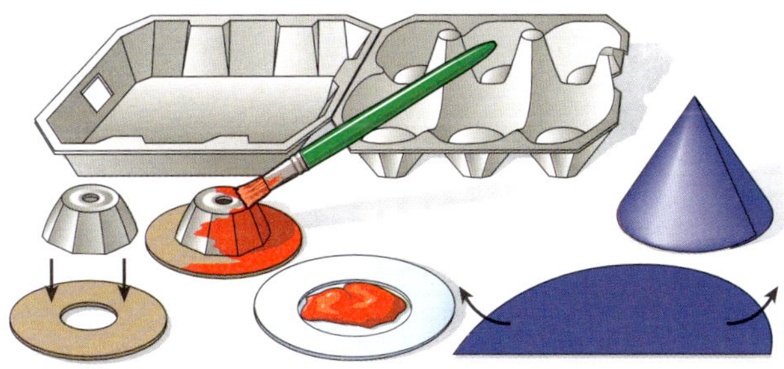

6 Pour le chapeau rond, découper une alvéole d'une boîte d'œufs. La coller sur un cercle de carton de 8 cm de diamètre troué au milieu. Trouer le haut du chapeau. Peindre d'une couleur vive. Laisser sécher.

7 Pour accrocher les ballons, attacher une ficelle au nœud du ballon. La passer par le trou du chapeau. Pour les supports, agrafer une bande de carton ondulé de 13 × 27 cm formée en tube.

Cartes colorées

Matériel

papier épais et papier fin de couleur, gommettes, ciseaux, colle, enveloppes, patrons page 248.

Escargot et poisson

1 Reporter les patrons de la page 248 sur du papier de couleur. Pour le poisson, plier le papier en deux et aligner la nageoire dorsale sur la pliure. Découper.

2 Reporter la bouche, les nageoires et la queue du poisson sur du papier rouge. Les découper puis les coller. Décorer le poisson en collant des gommettes.

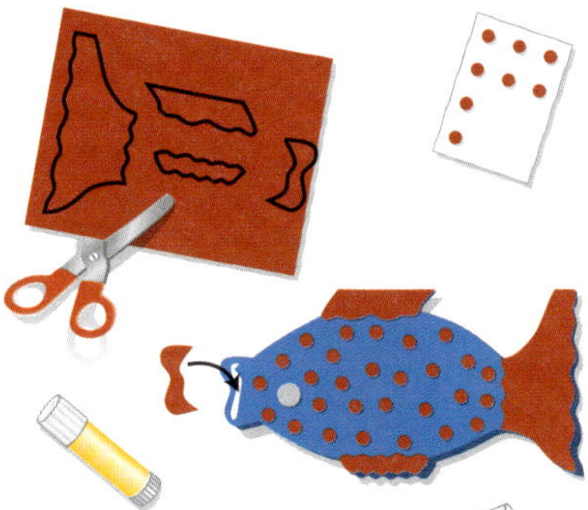

3 Pour l'escargot, découper une spirale de la taille de la coquille. La coller. La décorer avec des morceaux de papier déchiré.

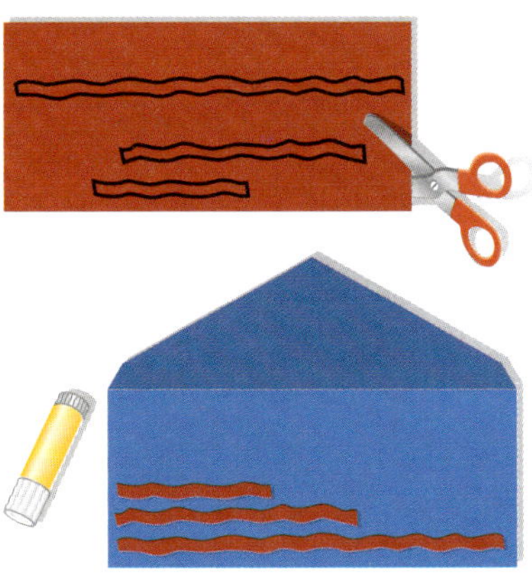

4 Décorer les enveloppes, avec des motifs découpés dans du papier de mêmes couleurs que les cartes.

Cartes d'invitation

1 Découper des rectangles de papier de 3 × 3,5 cm ou des bandes de 13 × 2,5 cm. Les plier en quatre.

2 Faire des découpes tout autour en laissant des bords droits aux pliures pour éviter de séparer les 4 parties.

3 Déplier. Coller les pliages directement sur les cartes et les enveloppes ou sur un rectangle de papier de couleur contrastée.

Ribambelles

Matériel
papier de couleur, ciseaux, règle, crayon à papier, feutres, gommettes, papier blanc fin, patrons page 246. On peut aussi utiliser des feutres et décorer les ribambelles avec les motifs de son choix.

1 Sur du papier de couleur, tracer et découper des bandes de 10 cm de haut et entre 40 et 60 cm de long.

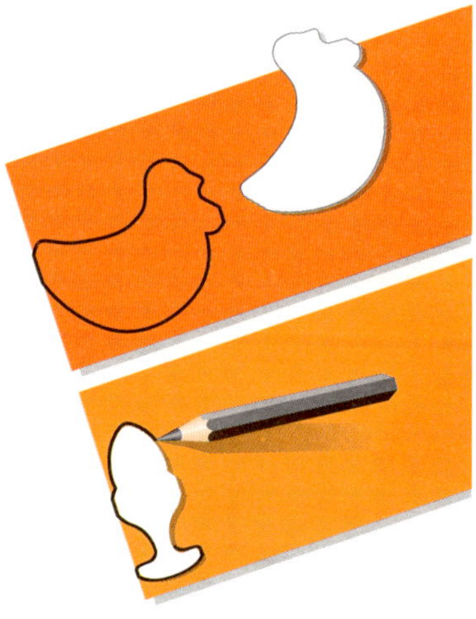

2 Choisir un motif et reporter le patron correspondant page 246 au bord d'une bande de papier.

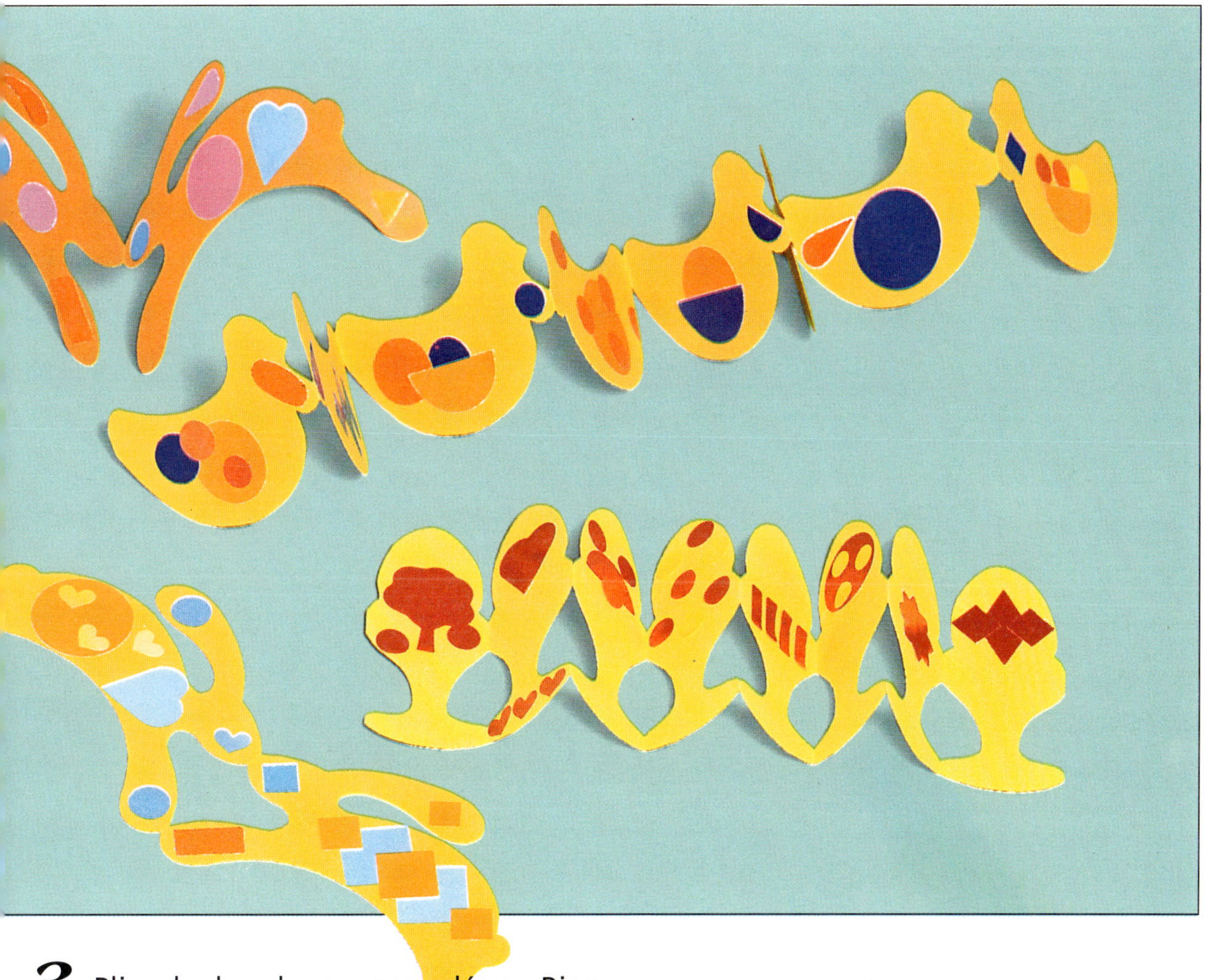

3 Plier la bande en accordéon. Bien appuyer pour marquer les plis. Maintenir la bande serrée d'une main.

4 Découper toutes les épaisseurs en même temps. Pour que les formes se raccordent, ne pas découper les parties en pointillé.

5 Déplier. Décorer un côté des ribambelles avec des gommettes. Varier les décors en utilisant différentes couleurs ou en superposant des gommettes géométriques.

Œufs de Pâques

Matériel

œufs en polystyrène et en plastique, papier de soie, crayon à papier, colle, peinture, pinceaux, brochettes en bois, vernis (facultatif), verres.

Visages rigolos

1 Glisser des brochettes en bois dans les trous des œufs en plastique ou les enfoncer dans les œufs en polystyrène pour éviter de se salir les mains. Passer une couche de peinture blanche sur chaque œuf. Poser l'ensemble dans un verre pour le laisser sécher.

2 Dessiner légèrement au crayon à papier des yeux, une bouche, des joues, une coiffure ou un chapeau.

3 Peindre avec un pinceau assez fin et des couleurs vives les différentes parties de la tête.

4 Pour plus de facilité, laisser sécher entre chaque couleur. Vernir pour rendre plus brillant (facultatif).

Œufs en papier de soie

1 Déchirer des morceaux et des bandes de papier de soie de couleurs différentes.

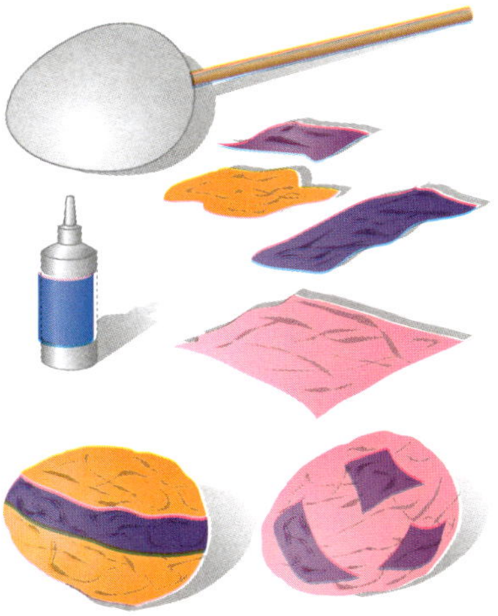

2 Enduire l'œuf de colle et poser les morceaux de papier. Alterner les couleurs.

3 Recouvrir toute la surface. Pour obtenir des marbrures, superposer les couleurs.

4 Découper des carrés de papier d'environ 8 cm de côté. Les froisser en boulettes. Les coller sur l'œuf. Laisser sécher.

Drôles de bêtes

Matériel
bristol, ciseaux, pinceaux, peinture ou feutres, crayon à papier, papier blanc fin, compas, patrons page 247.

1 Choisir un des animaux. Reporter au crayon le patron sur le bristol. Le découper. Découper les 2 fentes comme sur le patron.

2 À l'aide du patron ou selon sa fantaisie, dessiner au crayon la tête et le vêtement de l'animal. Peindre en laissant sécher entre chaque couleur, ou colorier aux feutres.

3 Tracer au compas sur le bristol un cercle de 8 cm de diamètre. Le diviser en deux. Découper les 2 demi-cercles. Découper une fente de 1,5 cm sur l'arrondi et une entaille sur le bord droit.

4 Peindre les demi-cercles en les laissant sécher entre chaque côté ou les colorier au feutre.

5 Pour faire tenir le lapin ou la poule debout, glisser les demi-cercles dans les fentes de l'animal.

Petites cocottes

Matériel

pâte à modeler autodurcissante, peinture, cure-dents, pinceaux fins, brochettes en bois, carton fin, colle, eau, fil de fer fin, couteau rond, ciseaux.

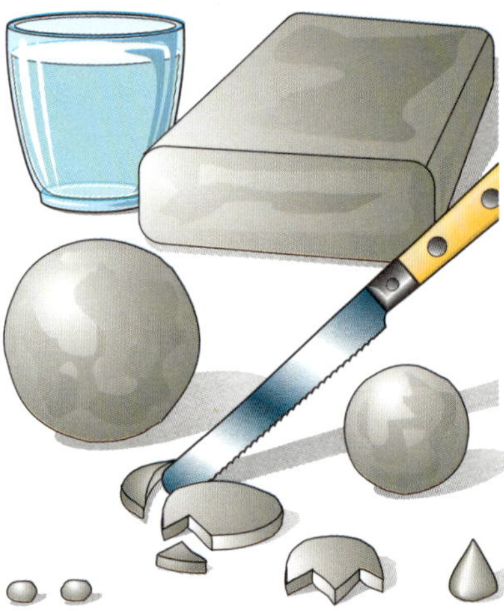

1 Modeler une boule de pâte de la taille d'une balle de ping-pong pour le corps des poules. Modeler une boule plus petite pour la tête, un petit cône pour le bec et 2 boulettes pour les yeux. Aplatir une boule de pâte et découper les pattes à l'aide du couteau. Lisser tous les éléments avec un peu d'eau.

3 Dans du carton fin, découper 2 ailes et une crête. Les encoller et les fixer sur la poule. Laisser sécher selon les indications du fabricant.

4 Peindre le corps et la tête. Laisser sécher. Puis peindre les détails. Laisser sécher.

2 Demander à un adulte de couper des morceaux de brochette de 5 cm environ. Assembler la tête et le corps avec un cure-dents ou un morceau de brochette. Assembler les pattes. Pour plus de solidité, on peut encoller les brochettes et les cure-dents avant de les enfoncer dans la pâte. Coller le bec et les yeux sur la tête.

5 Modeler des boules plus petites pour le poussin et piquer des petits morceaux de fil de fer pour les plumes.

Cloche à chocolats

Matériel

métal récupéré : 2 moules en aluminium, raphia, fond de boîte carrée à fromage, ciseaux, crayon à papier, perforatrice, ficelle, colle, patrons page 249.

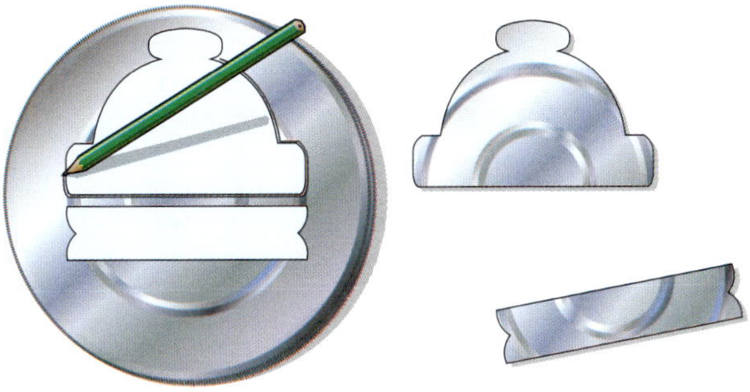

1 Couper les rebords des moules. Sur les fonds, reporter 2 fois le patron de la cloche et de la bande page 249. Découper.

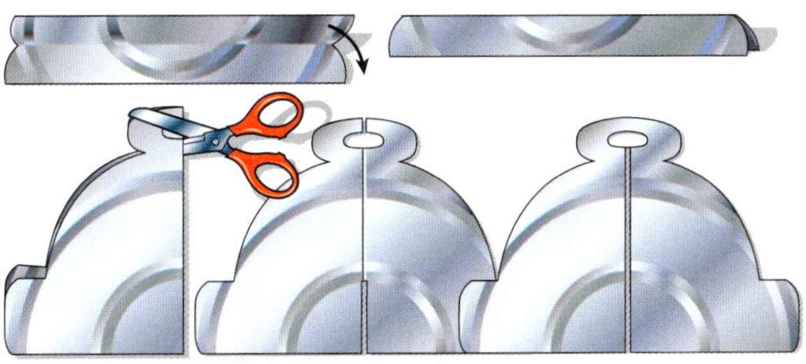

2 Plier les bandes en deux. Plier les morceaux de la cloche en deux. Évider le trou de l'anneau. Déplier. Découper les fentes comme indiqué ci-dessus.

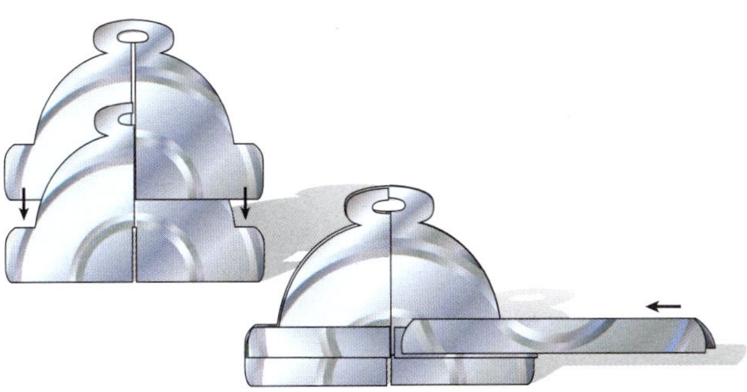

3 Glisser les 2 morceaux l'un dans l'autre, à plat. Replier les languettes du dessus et glisser une bande à cheval. Retourner et faire la même chose de l'autre côté.

4 Écarter les 4 volets pour former la cloche. Sur chaque volet, perforer 2 trous espacés de 3 cm.

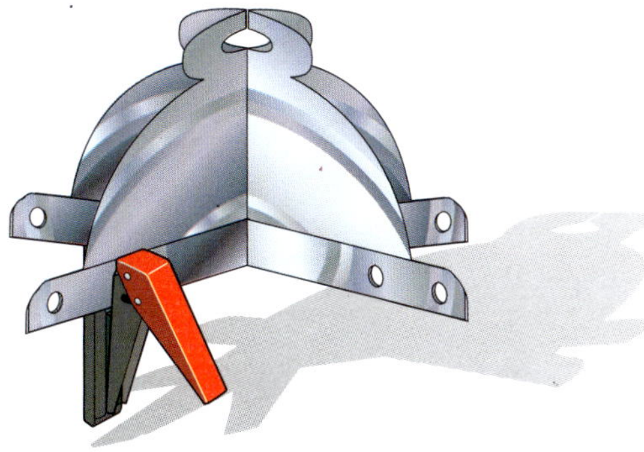

5 Enfiler des brins de raphia de 25 cm environ dans l'anneau de la cloche et les nouer pour pouvoir l'accrocher.

6 Demander à un adulte de percer un trou sur chaque côté de la boîte. L'attacher à la cloche avec des morceaux de ficelle de 20 cm. Ficeler des brins de raphia de 18 cm. Les coller en croix au fond de la nacelle.

Arbre à bijoux

Matériel

morceau de carton, 1 branche d'arbre avec de belles ramifications, pot en terre cuite, mousse naturelle séchée, plâtre, cire à dorer ou peinture dorée, pinceau, bâton, vieille bassine, eau.

Pour préparer le plâtre en dosant l'eau correctement, se reporter aux indications du fabricant.

1 Verser la poudre de plâtre dans une bassine. Incorporer l'eau en tournant avec un bâton. La pâte doit être assez épaisse pour pouvoir maintenir la branche d'arbre bien droite.

2 Poser un morceau de carton au fond du pot pour boucher le trou. Puis verser le plâtre dans le pot en s'arrêtant à 3 cm du bord.

3 Planter la branche d'arbre au centre du pot. L'enfoncer jusqu'au fond. Laisser sécher complètement en veillant à ce que la branche reste bien droite.

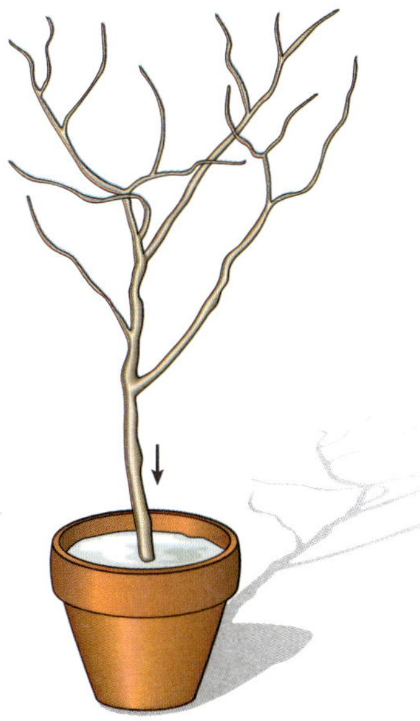

4 Décorer le pot avec la cire à dorer en l'étalant avec le doigt. Teinter complètement le rebord et faire quelques traces sur le bas du pot. On peut également utiliser de la peinture dorée non diluée et l'appliquer au pinceau.

5 Pour décorer la branche, poser quelques touches de cire à dorer ou de peinture dorée. Bien laisser sécher.

6 Déposer de la mousse séchée au pied de la branche en prenant soin de bien recouvrir le plâtre.

Pour éviter d'utiliser de la peinture ou de la cire à dorer, on peut aussi décorer le pot avec des gommettes dorées.

Marque-pages

Matériel

papier épais de différentes couleurs, règle, crayon à papier, ciseaux, colle, perforatrice, cordelettes ou lacets de couleur.

1 Sur du papier épais de couleur, tracer à l'aide d'une règle et d'un crayon des bandes de 4,5 × 20 cm. Les découper soigneusement selon le tracé pour qu'elles soient bien droites.

2 Découper des formes géométriques dans le papier de couleur pour figurer une maison, un moulin, un immeuble, un phare ou d'autres bâtiments.

3 Placer les formes géométriques sur chaque bande de papier en fonction du motif choisi pour bien les disposer. Puis les coller.

4 Pour les détails, découper d'autres petites formes de papier : des petites bandes pour l'antenne de télévision et les pales du moulin, des petits carrés pour les fenêtres...

5 Pour découper les petits ronds, utiliser une perforatrice. Coller tous les éléments. Laisser sécher.

6 Perforer le haut du marque-page en son milieu. Glisser un morceau de cordelette ou de lacet d'environ 15 cm. Faire un nœud.

Cadres-fleurs

Matériel

petits pots en terre cuite, ciseaux, règle, pâte à modeler verte, colle, carton ondulé de couleur, compas, crayon à papier, papier épais blanc, brochettes en bois, papier blanc fin, patrons page 250.

1 Reporter le patron des feuilles page 250 sur du carton ondulé de 2 couleurs différentes. Placer les cannelures à l'horizontale et dessiner sur l'envers.

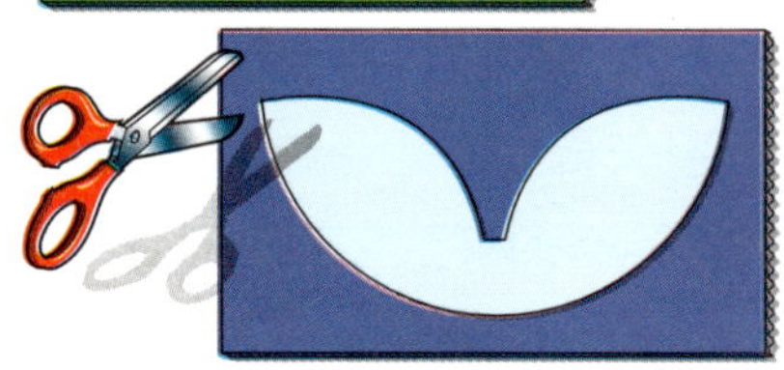

2 Découper. Encoller l'envers d'une des paires de feuilles, sauf au milieu. Superposer l'autre paire de feuilles. Laisser sécher.

3 Pour la tulipe, reporter le patron du dessus et du fond du cadre sur du carton ondulé de 2 couleurs différentes en plaçant les cannelures à la verticale. Les découper.

4 Pour la marguerite ou la fleur rouge et jaune, tracer 2 cercles de 11 cm de diamètre, un sur du carton ondulé et un sur du papier blanc. Les découper.

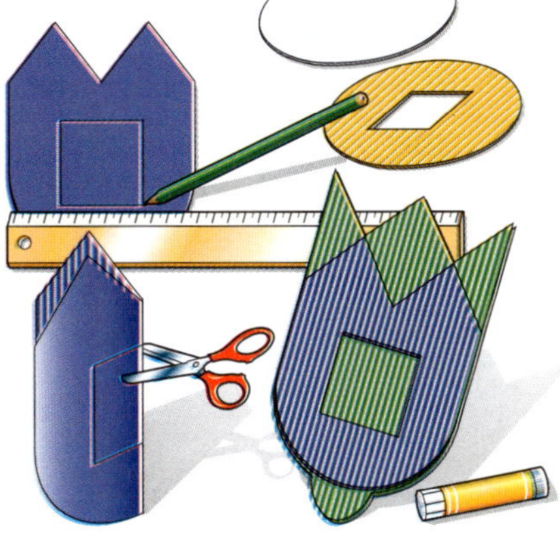

5 Tracer une fenêtre de 5 cm de côté sur le dessus du cadre. Plier le carton en deux, faire une entaille. Déplier, puis évider la fenêtre. Coller sur le fond.

6 Pour la marguerite, découper 15 bandes de papier blanc de 1,5 × 5 cm. Pour la fleur rouge et jaune, découper 4 triangles de 7 cm de côté. Coller les pétales au dos des cercles.

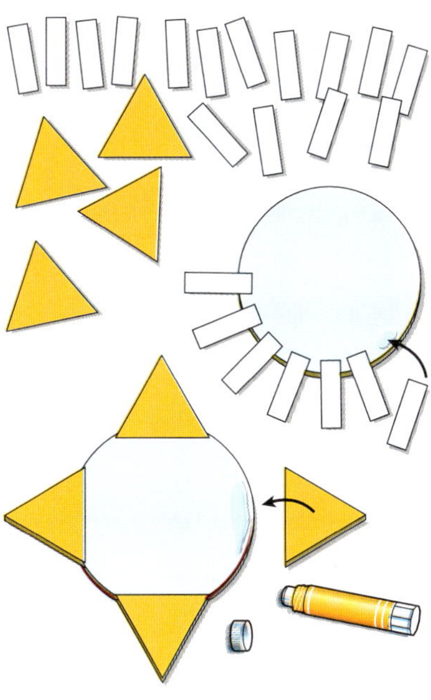

7 Fixer la fleur sur sa tige, en glissant l'extrémité d'une brochette dans les cannelures du carton. Puis glisser les feuilles. Remplir un petit pot de pâte à modeler. Planter la fleur. Coller la photo.

Étui à lunettes

Matériel

mousse en plaque ou bristol,
colle à tissu,
feutrine de couleur,
aiguille à laine,
raphia synthétique,
règle, ciseaux,
crayon à papier.

1 Tracer sur de la feutrine rouge 2 rectangles de 21 × 20 cm. Les découper. Plier un des rectangles en deux. Arrondir aux ciseaux les angles opposés à la pliure, en découpant les 2 épaisseurs en même temps. Déplier. Poser le rectangle arrondi sur l'autre rectangle et découper les 2 angles du bas de la même façon.

2 Tracer sur de la mousse ou du bristol, puis découper un rectangle de 19 × 17 cm. Arrondir 2 angles en le pliant en deux. Coller la mousse entre les 2 épaisseurs de feutrine. Laisser sécher.

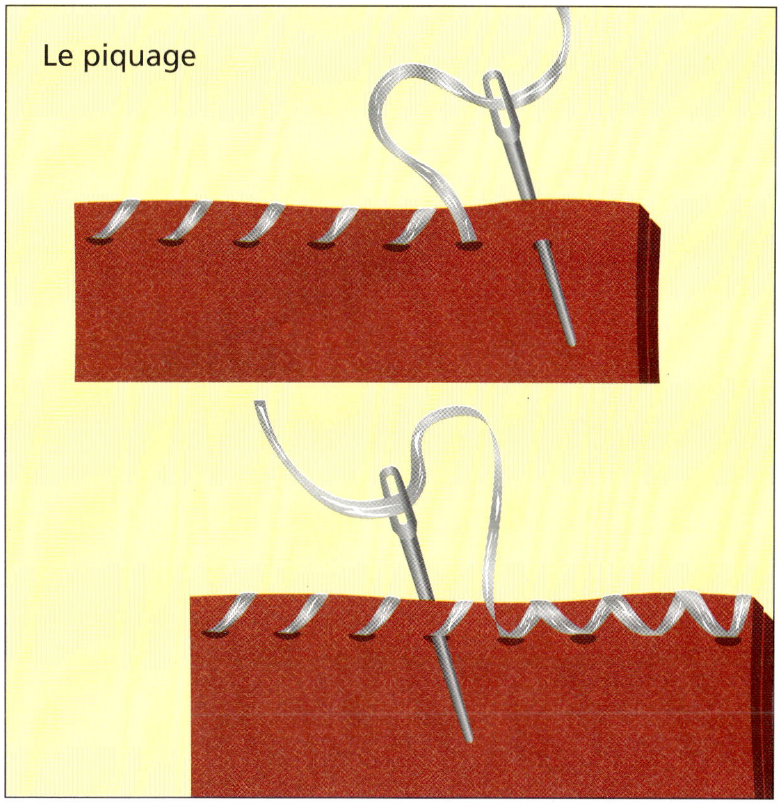

3 Enfiler 50 cm de raphia sur une aiguille à laine. Faire un nœud au bout.

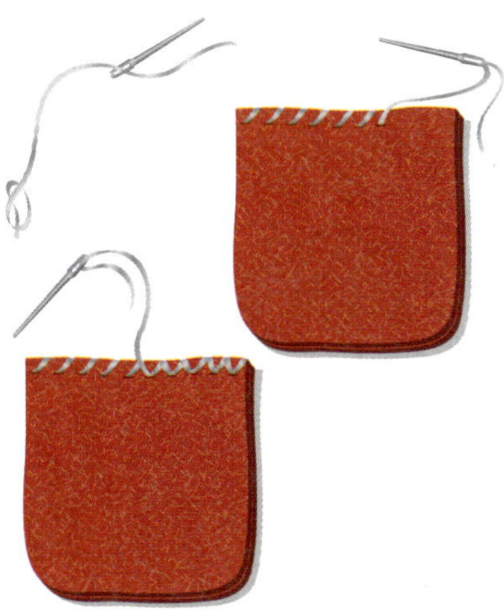

4 Sur le haut de l'étui, coudre des grands points espacés de 1 cm de gauche à droite. Au bout, repartir en sens inverse. Faire un nœud et couper le surplus de fil.

5 Plier l'étui en deux. Avec une nouvelle aiguillée de raphia, coudre le côté et le bas de l'étui en faisant des points dans un sens.

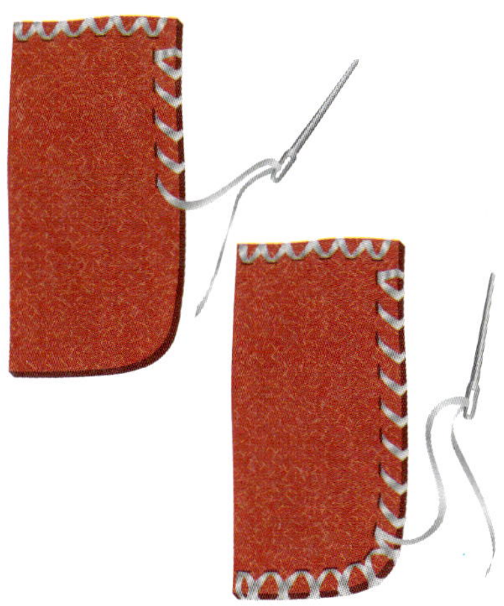

6 Repartir dans l'autre sens pour former des croix. Terminer en faisant un nœud et en coupant le surplus de fil.

7 Sur de la feutrine de différentes couleurs, tracer un soleil, un nuage, un arbre, une fleur… Les découper, puis les coller sur l'étui.

Dessins à reliefs

Matériel
papier blanc fin, papier de couleur, crayons de couleur, crayon à papier, colle, surfaces avec un relief.

Le chat

1 Sur du papier blanc fin, dessiner légèrement au crayon la silhouette d'un chat.

2 Chercher des objets qui présentent une surface avec un petit relief, par exemple une dalle de linoléum pour le chat.

3 Poser la feuille dessus en la maintenant d'une main. Pour colorier, frotter la mine d'un crayon de couleur en l'inclinant. Attention à ne pas bouger pour que les reliefs créent des motifs nets.

4 Pour le fond, appuyer par exemple la feuille sur un radiateur. Alterner des bandes de couleur.

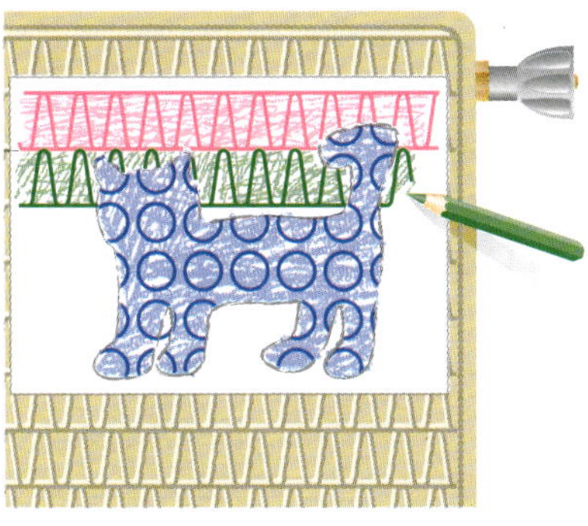

5 Poser la feuille sur la table, dessiner les détails : le museau, les yeux, les moustaches, les griffes.

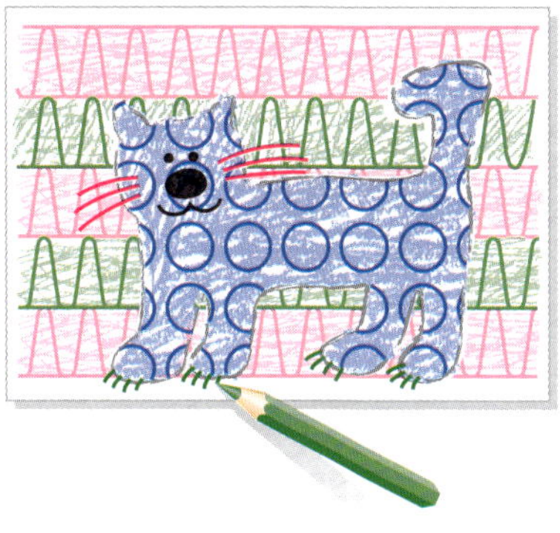

6 Découper une feuille de papier de couleur plus grande que le dessin. Le coller dessus en le centrant.

La fleur

1 Procéder comme pour le chat. Utiliser par exemple du papier peint à relief pour le cœur. Pour les pétales et les feuilles, utiliser du carton ondulé à grosses et à petites cannelures.

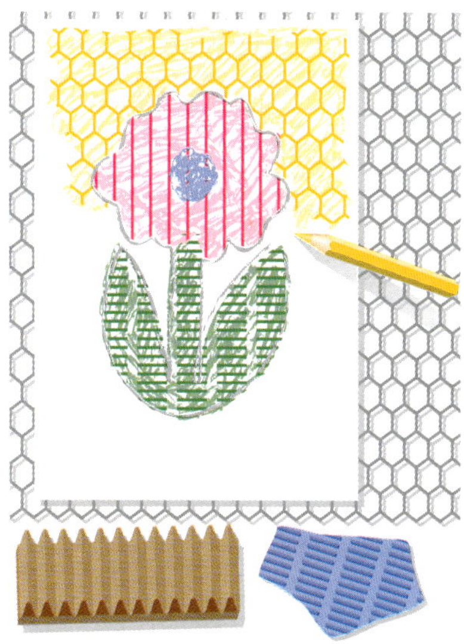

2 Pour le fond, un morceau de grillage à clapier donne un joli motif de résille.

Croco vide-poches

Matériel
3 boîtes d'allumettes, 2 boules de cotillon, 2 perles, pinceau, peinture, chenille verte, gommettes, papier épais de couleur, colle, crayon à papier, ciseaux, patrons page 251.

1 Peindre les 3 tiroirs des boîtes d'allumettes en vert. Laisser sécher. Demander à un adulte de percer un trou sur les 2 petits côtés d'une des boîtes, et un trou sur un des petits côtés des 2 autres boîtes. Peindre les 2 boules de cotillon en jaune. Laisser sécher, puis peindre une pupille noire sur chaque boule. Laisser sécher.

2 Au crayon, reporter sur du papier jaune et du papier vert les patrons de la tête, de la queue et 4 fois le patron des pattes. Découper tous les éléments. Marquer les pliures sur la tête et la queue. Cranter 6 bandes de papier jaune de 1,5 × 7 cm. Cranter 2 bandes blanches de 2 × 11 cm et une autre de 2 × 3,5 cm.

3 Assembler les boîtes en glissant 2 morceaux de chenille verte de 6 cm dans les trous. Les entortiller à chaque extrémité pour les empêcher de ressortir.

4 Coller la tête et la queue, puis les pattes sous la première et la dernière boîte. Coller les écailles au bord de chaque boîte, puis les dents en les faisant dépasser de la mâchoire.

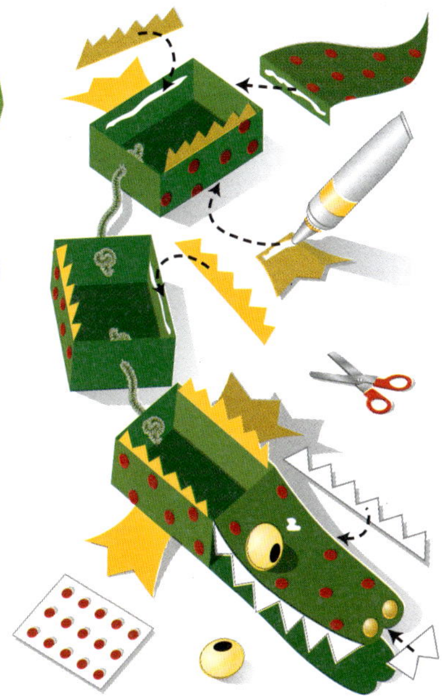

5 Coller les yeux et les 2 perles pour les narines. Ajouter des gommettes sur le crocodile.

Marque-places

Matériel

pâte autodurcissante, peinture, vieux crayon ou cure-dents, pinceaux, presse-ail, feutre noir fin, couteau rond, trombones et papier de couleur, colle, ciseaux cranteurs, eau.

1 Modeler une boule de pâte de la taille d'une balle de ping-pong pour le corps. Graver la bouche avec un vieux crayon.

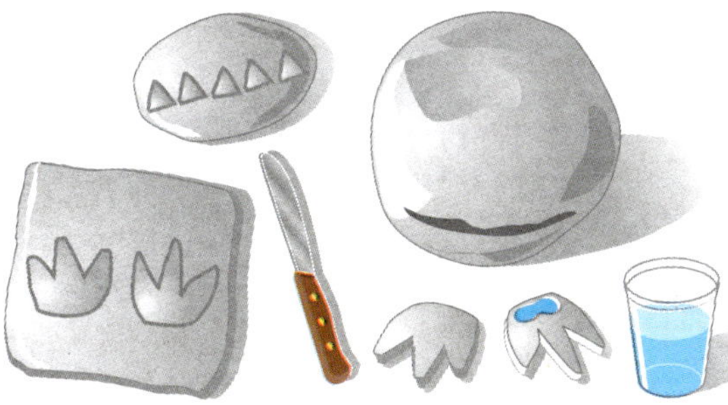

2 Aplatir une boule de pâte. Découper les pattes et les dents avec un couteau rond. Les lisser avec le doigt. Les souder à la tête avec une goutte d'eau appliquée au doigt.

3 Pour les yeux, modeler 2 petites boules. Faire des trous pour les pupilles avec le crayon. Les souder sur la tête.

4 Pour les cyclopes, vriller un trombone autour du crayon. Enfoncer un œil sur le ressort, puis piquer le tout sur la tête. Ajouter des boulettes aplaties pour faire des boutons.

5 Pour les cheveux, faire des fils de pâte avec un presse-ail. Les souder délicatement. Laisser sécher selon les indications du fabricant.

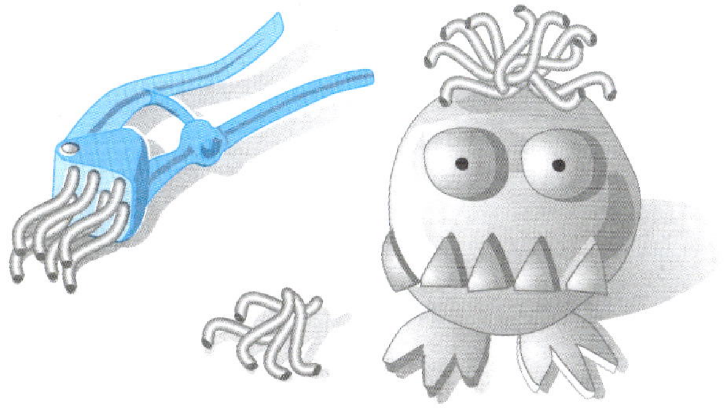

6 Peindre en commençant par le corps. Laisser sécher, puis peindre les détails. Bien laisser sécher. Découper des rectangles de papier de 6,5 × 4,5 cm aux ciseaux cranteurs. Les coller sous les monstres. Écrire les noms des invités au feutre.

Marottes-fantômes

Matériel
tissu blanc ou de couleur, boule de polystyrène de 5 cm de diamètre, ciseaux cranteurs, ciseaux droits, feutrine noire, colle, gommettes rondes, feutre noir, fil noir.

1 Découper dans du tissu un carré de 35 cm de côté avec des ciseaux cranteurs. Encoller la moitié de la boule de polystyrène. La coller au centre du tissu. Rabattre les pans du tissu de chaque côté. Laisser sécher.

2 Découper aux ciseaux droits un carré de feutrine de 10 cm de côté pour le chapeau. Couper un morceau de fil de 30 cm. Le plier en deux, puis le coller à un angle du carré de feutrine.

3 Encoller un des côtés du carré de feutrine sur 1 cm. Le fermer en formant un cône. Laisser sécher.

4 Arrondir le bas du chapeau aux ciseaux droits, puis l'effranger. Le coller sur la tête du fantôme.

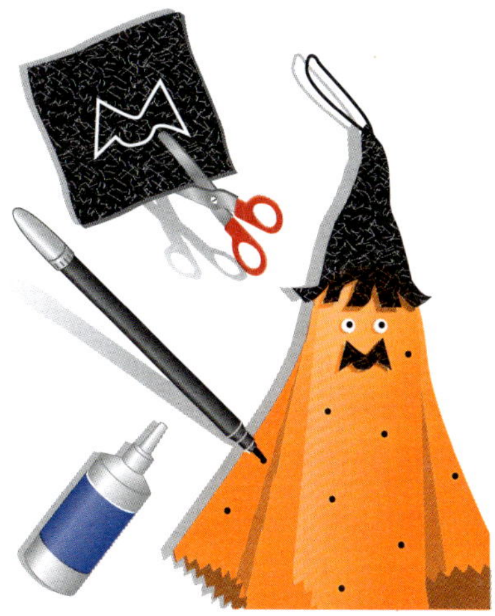

5 Découper une bouche en feutrine. La coller. Ajouter 2 gommettes pour les yeux. Dessiner les pupilles au feutre noir sur les gommettes, puis ajouter des petits points noirs sur le fantôme.

Bougies-citrouilles

Matériel

pâte à bougie à modeler (orange, verte, noire), mèche pour bougie, ciseaux, cure-dents, couteau rond.

Attention : veiller à ne jamais laisser une bougie allumée sans surveillance.

1 Chauffer la pâte à bougie entre ses mains puis la malaxer pour la rendre bien souple et plus facile à modeler. Modeler des boules orange de différentes tailles.

2 Au milieu de chaque boule, percer un trou de part en part avec un cure-dents.

3 Couper un morceau de mèche plus long de 1,5 cm que le diamètre de la boule. Glisser la mèche dans le trou à l'aide du cure-dents.

4 Pour figurer les quartiers de citrouille, graver des rainures verticales espacées régulièrement avec un cure-dents.

5 Aplatir une boule de pâte noire et découper des bouches. Pour les yeux ou les nez, découper des triangles ou modeler des boulettes aplaties.

Pour qu'elles brûlent plus lentement, placer les bougies une heure au réfrigérateur avant leur utilisation. Les disposer sur des coupelles.

6 Dans de la pâte verte aplatie, découper les feuilles. Appliquer tous les éléments sur les citrouilles.

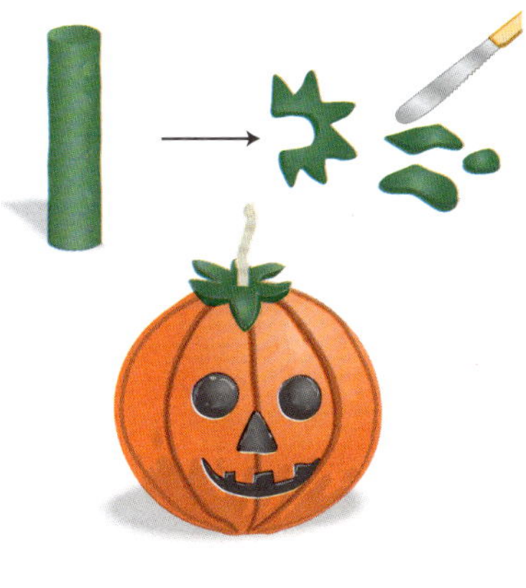

Monstres colorés

Matériel
boules de polystyrène de 6 cm de diamètre, colle, yeux mobiles, chenilles de couleur, bocal, brochette en bois, peinture, pinceaux, crayon, ciseaux.

1 Peindre une boule de polystyrène d'une couleur unie. Pour éviter de se salir les mains, la piquer sur une brochette en bois. La laisser sécher en mettant l'ensemble dans un bocal.

2 Terminer de peindre le monstre avec d'autres couleurs. Faire des pois, une bouche, des dents, un nez et des sourcils. Laisser sécher.

3 Coller 2 yeux mobiles. Découper 6 morceaux de chenille de 7 cm environ pour les pattes. En piquer 3 de chaque côté de la boule. Les plier, puis les recourber à leur extrémité.

4 Couper et piquer dans la boule des petits morceaux de chenille pour les antennes ou les cheveux. Les enrouler autour d'un crayon pour les torsader.

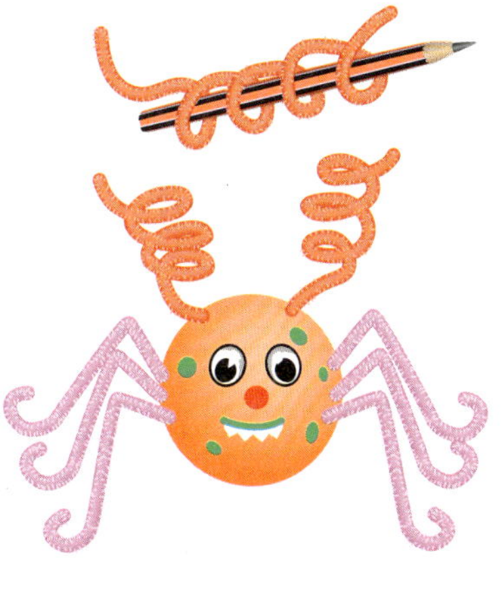

Guirlandes de Noël

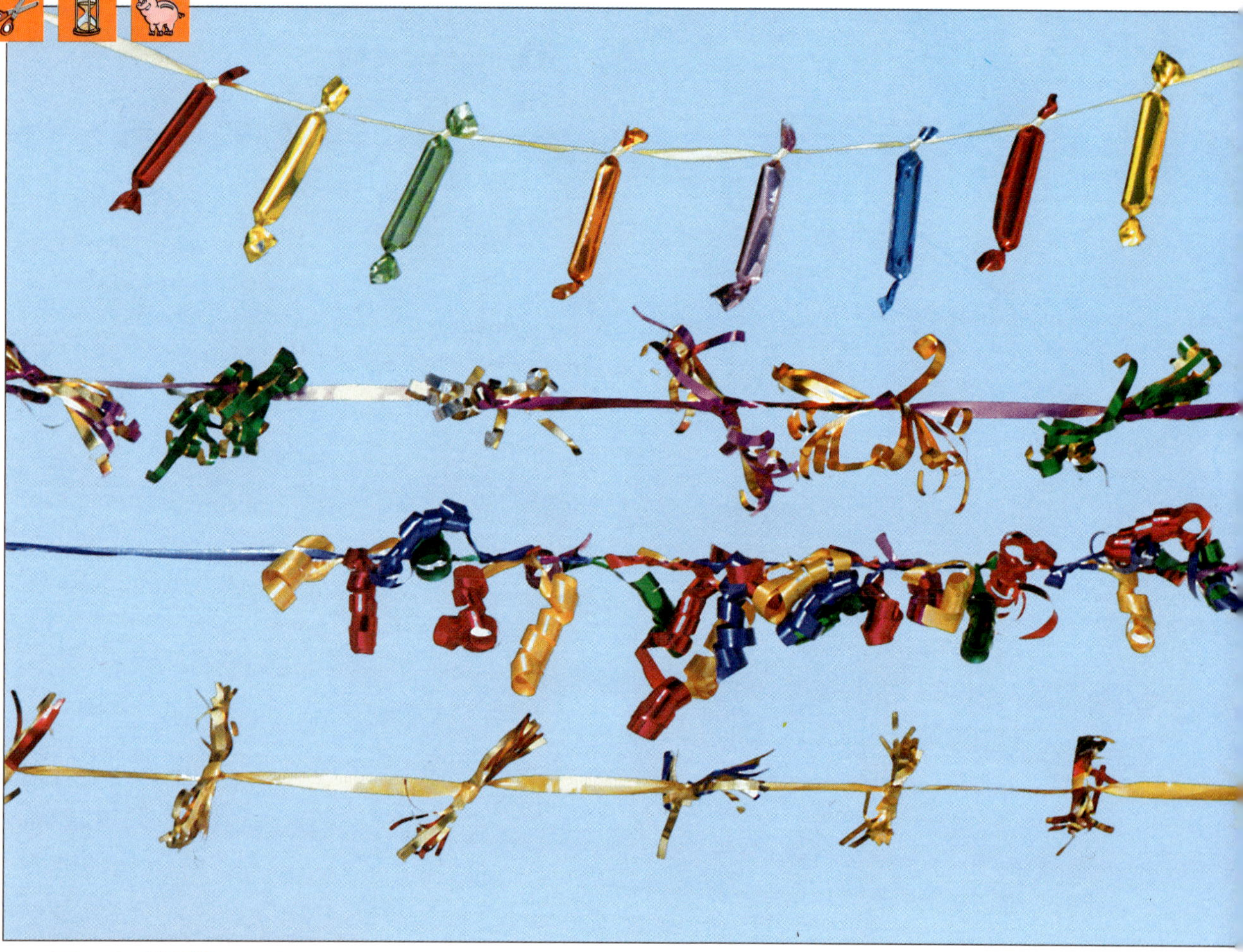

Matériel
bonbons en papillote,
bolduc de différentes couleurs,
ciseaux,
papiers métallisés,
règle, crayon.

Guirlande à ressorts

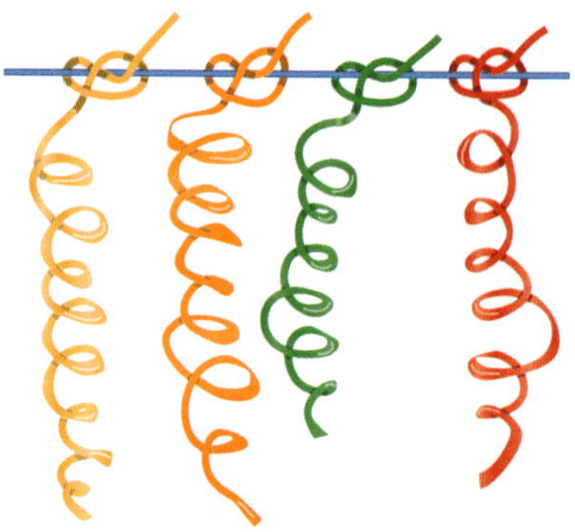

1 Couper des morceaux de bolduc de 20 à 40 cm de toutes les couleurs. Boucler le bolduc en le faisant glisser à plat sur la lame des ciseaux tout en le maintenant avec le pouce.

2 Nouer tous les ressorts sur un long morceau de bolduc en les espaçant de quelques centimètres et en intercalant les couleurs.

Guirlandes à franges

1 Découper des rectangles de papier métallisé de 8 × 4 cm. Les effranger en laissant 2 cm au milieu. Les plier en accordéon.

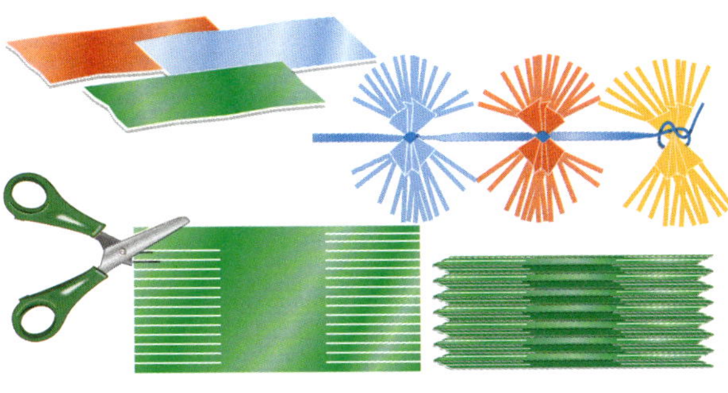

2 Les nouer sur un long bolduc en les espaçant de quelques centimètres. On peut faire des franges en partant de rectangles plus grands et les friser sur un crayon.

Guirlande de bonbons

Couper 1,5 m de bolduc. Nouer les bonbons tous les 5 cm environ en alternant les couleurs. Pour éviter d'emmêler le bolduc, préparer des guirlandes plus courtes et les attacher les unes aux autres.

Noël en pâte à sel

Matériel

pâte à sel : 2 vol. de farine, 1 vol. de sel, un peu d'eau, papier sulfurisé, emporte-pièce de différentes formes, rouleau à pâtisserie, raphia, ruban doré, peinture, pinceaux, ciseaux, paille.

1 Préparer la pâte à sel en suivant la recette page 11. Disposer du papier sulfurisé sur le plan de travail. Modeler une grosse boule et l'aplatir au rouleau à pâtisserie.

2 Appuyer fermement les emporte-pièce sur la pâte pour découper toutes les formes.

3 Trouer chacun des sujets en utilisant une paille comme un emporte-pièce. Demander à un adulte de les cuire au four en suivant les indications de la page 11. Laisser refroidir.

4 Peindre les sujets avec différentes couleurs. Laisser sécher avant d'ajouter les détails. Bien laisser sécher. On peut aussi choisir de laisser les sujets au naturel.

5 Couper un morceau de ruban ou de raphia de 20 cm. Le glisser dans le trou d'un sujet. Le nouer et le recouper au besoin.

Vitraux de Noël

Matériel

papier épais noir ou de couleur foncée, papier vitrail, colle, crayon à papier, ciseaux, aiguille à laine, scotch double-face, torchon, calque, patrons page 252.

1 Choisir un des vitraux. Reporter le patron page 252 du motif choisi au crayon à papier sur du calque.

Reporter les contours sur du papier épais noir ou de couleur foncée. Enlever le calque et repasser les tracés au crayon pour qu'ils soient bien visibles.

2 Découper le tour du motif aux ciseaux.

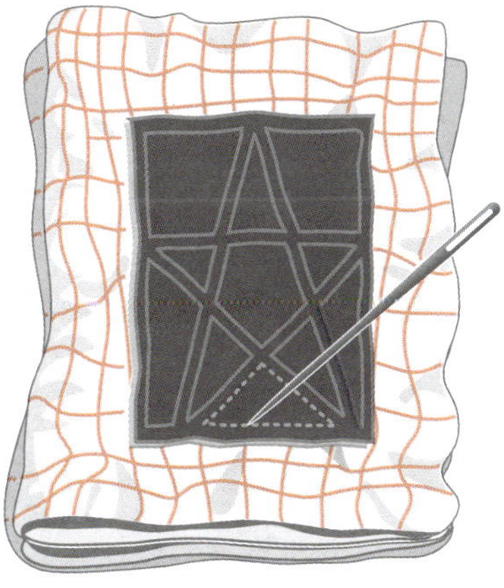

3 Poser le motif sur un torchon plié en quatre. Avec une aiguille à laine, faire des petits trous très rapprochés en suivant tous les tracés.

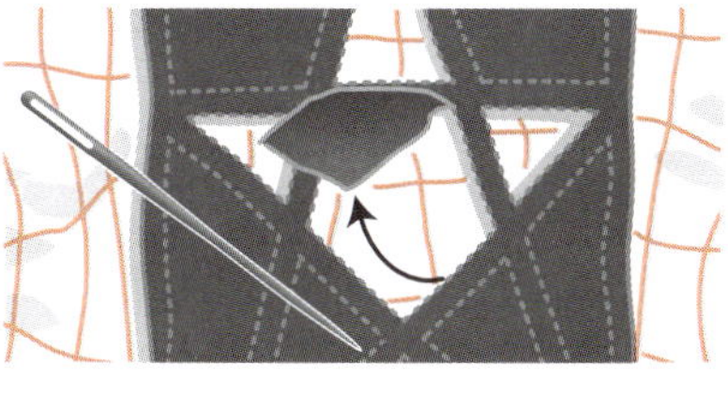

4 Détacher délicatement toutes les formes intérieures du motif. Si cette étape est difficile, on peut refaire des petits trous, pour évider les formes plus facilement.

5 Poser une feuille de papier vitrail sur une forme évidée à remplir et en tracer les contours en ajoutant 5 mm tout autour.

6 Découper la forme de papier vitrail. Encoller les bords. Coller en place. Procéder de la même manière pour remplir toutes les formes évidées du vitrail.

7 Laisser sécher. Retourner le vitrail et le fixer sur une fenêtre avec un morceau de scotch double-face.

Cartes de vœux

Matériel

papier épais de différentes couleurs, gommettes, ciseaux, paillettes, colle, bolduc et ficelle à cadeaux, règle, crayon à papier, perforatrice, papier blanc fin, patrons page 254.

Carte-accordéon

Tracer et découper un rectangle de papier de 30 × 10 cm. Le plier en 5 volets. Reporter 4 fois le patron du sapin sur du papier vert.

Découper les 4 sapins, les coller sur les 4 premiers volets de la carte. Décorer avec des gommettes. Écrire ses vœux sur le cinquième volet.

Carte à la boule

1 Tracer un rectangle de 10 × 15 cm. Découper en faisant des petites vagues tout autour. Reporter le patron de la boule. La découper et perforer un trou.

2 Décorer la boule avec des gommettes. Nouer un morceau de bolduc. Coller la boule sur la carte.

Cartes aux jongleurs

1 Découper un rectangle blanc de 15 × 10 cm. L'effranger sur 1 cm tout autour selon le modèle. Découper un rectangle bleu de 13 × 8 cm, droit ou en faisant des petites vagues. Le coller sur le grand rectangle.

2 Reporter les patrons de la veste et du pantalon. Les découper. Coller le pantalon, puis la veste sur la carte. Ajouter des gommettes.

Bonhomme de neige

1 Sur du papier de diverses couleurs, reporter les patrons de la carte, de l'écharpe, du fond, et du bonhomme de neige. Découper tous les éléments. Coller le fond sur la carte.

2 Encoller le chapeau et le corps et saupoudrer de paillettes. Laisser sécher. Coller le bonhomme sur la carte, puis l'écharpe. Ajouter quelques gommettes et nouer des morceaux de ficelle à cadeaux.

Décors en mousse

Matériel

plaques de mousse, papier métallisé, gommettes, colle, colle pailletée, brochette, ciseaux, ficelle métallisée, ciseaux cranteurs, crayon à papier, papier blanc, boules de cotillon percées, compas, patrons page 251.

Petite clochette

1 Tracer au compas puis découper aux ciseaux cranteurs un rond de 13 cm de diamètre. En couper un quart. Décorer avec de la colle pailletée. Laisser sécher.

2 Plier en deux une ficelle de 25 cm de long. Faire un nœud pour former une boucle. Attacher une boule à chaque extrémité. Coller le rond en cône en glissant la ficelle à l'intérieur.

Clochette-cœur

1 Tracer et découper un rond de mousse de 13 cm de diamètre et un rond de papier métallisé de 9 cm de diamètre. Recouper un quart de chaque rond. Décorer la mousse à la colle pailletée. Fermer les ronds en cône.

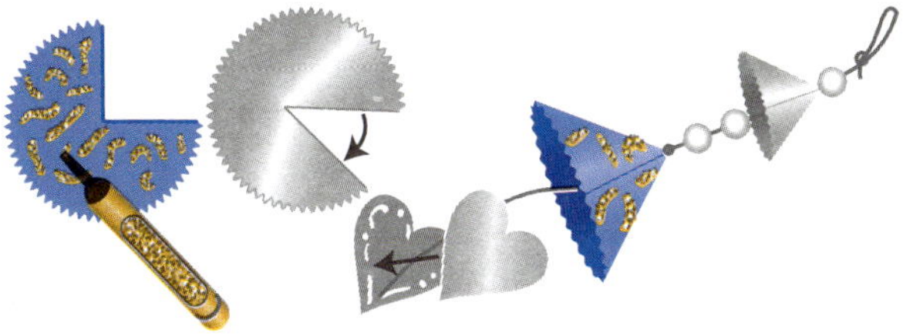

2 Nouer une boucle au bout d'une ficelle de 30 cm. Enfiler les cônes en les alternant avec des boules. Découper 2 cœurs à l'aide du patron. Les coller au bout de la ficelle.

Guirlande

Tracer au compas 7 cercles de 7 cm de diamètre sur de la mousse de 2 couleurs différentes. Les découper aux ciseaux cranteurs. Décorer avec la colle pailletée. Laisser sécher. Percer 2 trous sur chaque rond, les enfiler sur une ficelle dorée.

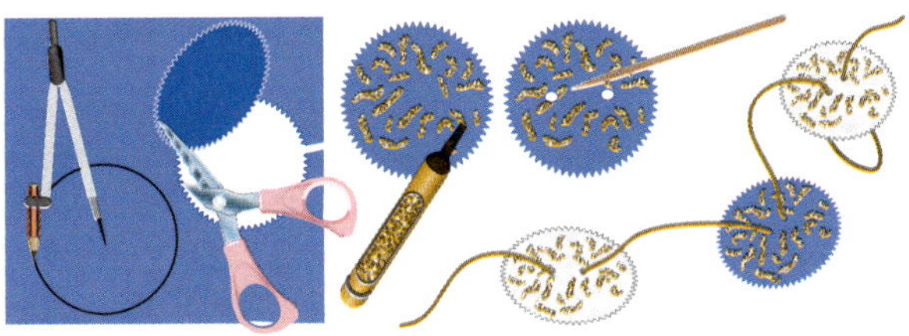

Botte et cœur

Coller 2 plaques de mousse ensemble, y reporter 2 fois le patron. Découper. Coller les 2 motifs l'un sur l'autre en glissant un morceau de ficelle. Coller un sapin ou un revers pour la botte, et des gommettes.

Mobile-sapin

1 Reporter 2 fois le patron du grand sapin. Tracer et découper 6 ronds de 5 cm de diamètre. Décorer les éléments à la colle pailletée.

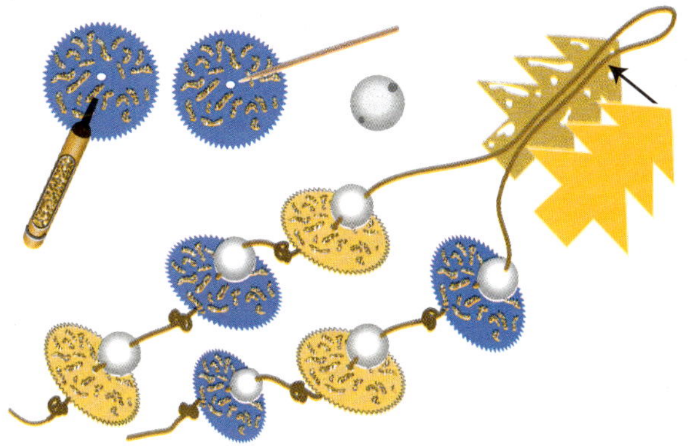

2 Plier une ficelle de 60 cm en deux et la coller entre les sapins. Trouer les ronds et les enfiler avec les boules en faisant des nœuds pour les empêcher de glisser.

Jolies lumières

Matériel

pâte à modeler autodurcissante, bougies chauffe-plats, eau, couteau rond, cure-dents, règle, rouleau à pâtisserie, peinture, pinceaux.

Attention : veiller à ne jamais laisser une bougie allumée sans surveillance.

Bougeoirs

1 Pour les bougeoirs arrondis, modeler une grosse boule de pâte autodurcissante et enfoncer la bougie chauffe-plats au milieu.

2 Pour le bougeoir vert, aplatir un boudin et découper une bande de 19 × 3 cm. L'enrouler autour de la bougie et la souder avec un peu d'eau appliquée au doigt.

3 Modeler des boulettes ou des boudins fins, ou aplatir une boule et découper des formes. Souder les décors sur les bougeoirs avec une goutte d'eau. Laisser sécher selon les indications du fabricant.

4 Peindre les bougeoirs selon sa fantaisie. Laisser sécher après chaque couleur. Ajouter des touches dorées.

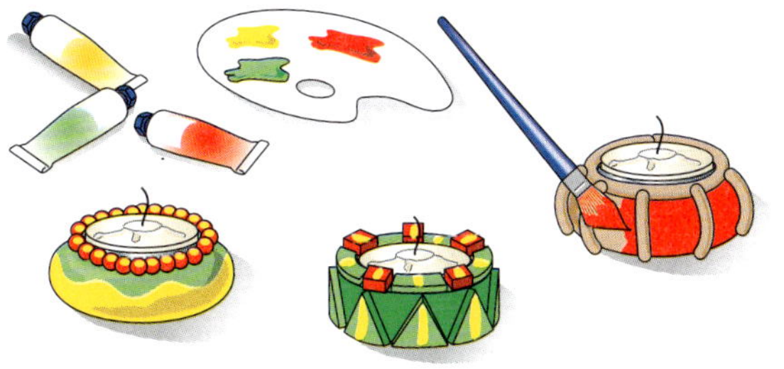

Photophore

Aplatir une boule de pâte et un boudin, y découper un rond de 6 cm de diamètre et une bande de 22 × 5 cm. Découper des triangles en haut de la bande. Percer des trous avec un cure-dents. Souder la bande sur le fond. Laisser sécher puis peindre.

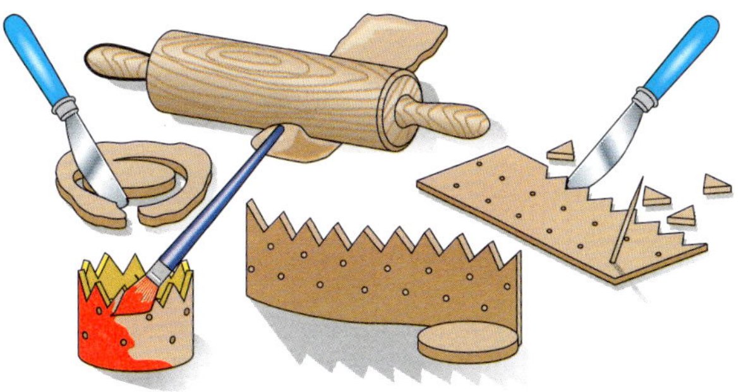

Petite crèche

Matériel

papier de couleur, boules de cotillon, gommettes fantaisie, crayon à papier, règle, perforatrice, papier blanc fin, colle, scotch, trombones, ciseaux, patron page 248.

1 Reporter le patron du corps des personnages page 248 sur du papier blanc fin. Découper. Tracer les contours de ce patron sur du papier de couleurs variées. Découper tous les corps. Encoller un des côtés verticaux sur 0,5 cm de large. Coller en formant un cône. Maintenir le collage avec un trombone.

2 Pour la tête, coller une boule de cotillon en haut de chaque cône de papier.

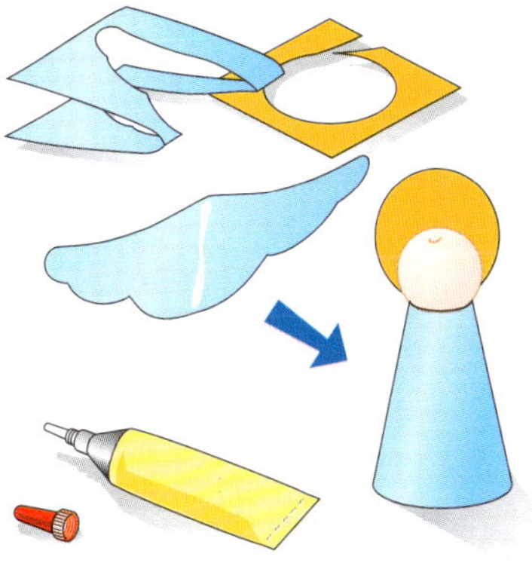

3 Découper un rond pour l'auréole. Plier un morceau de papier en deux et dessiner une aile. Découper et déplier. Coller l'auréole et les ailes de l'ange.

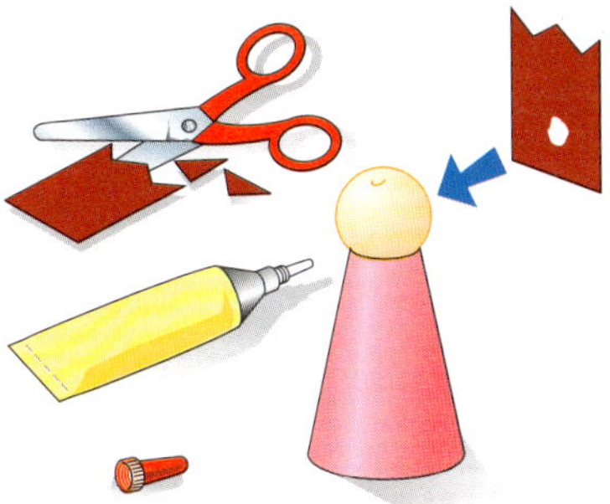

4 Découper des petits rectangles et les cranter pour les couronnes des Rois mages. Les coller.

Noël est bientôt là… Ce joli petit ange vient l'annoncer.

5 Coller des petits ronds découpés à la perforatrice pour les yeux et les bouches. Ajouter des gommettes.

6 Pour le petit lit, découper un rectangle de 7 × 4 cm environ. Effranger tout autour sur 1 cm. Plier les franges vers le haut. Enrouler une petite bande de papier de 1,5 cm de largeur. La scotcher sous le rectangle.

Couronne en sapin

Matériel

rameaux de sapin, 3 pommes de pin à écailles ouvertes, 4 branches souples de 60 cm, raphia, rubans de couleur, laine sombre, ciseaux.

1 Ramasser les pommes de pin et les branches souples au cours d'une promenade. Demander quelques rameaux de sapin frais à un fleuriste ou à quelqu'un qui possède un sapin dans son jardin.

2 Rassembler les branches en fagot. Attacher un grand lien de raphia à l'une des extrémités.

3 Enrouler le raphia autour des branches, puis les courber. Demander à un adulte de fermer la couronne en faisant un nœud solide.

4 Pour l'attache, glisser un morceau de ruban d'environ 60 cm entre les branches. Le nouer.

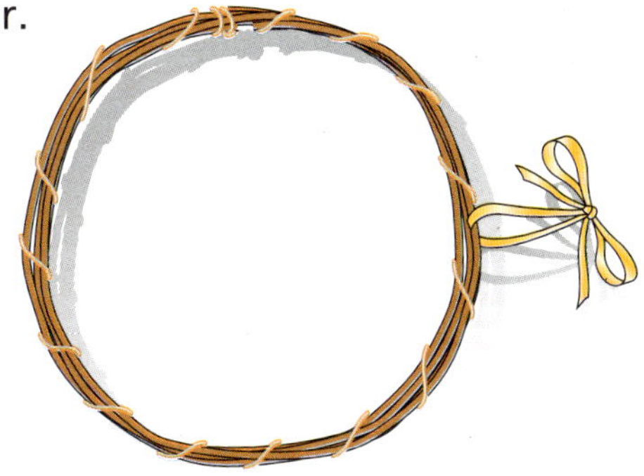

5 Attacher un long morceau de laine à la couronne. Poser un rameau de sapin et enrouler la laine plusieurs fois pour l'attacher.

6 Attacher les rameaux au fur et à mesure en les faisant se chevaucher pour dissimuler la laine. Arrêter en attachant la laine sous la couronne.

7 Couper 3 rubans de 60 cm. Les enrouler une fois autour des pommes de pin en les glissant entre les écailles. Nouer les rubans autour de la couronne à intervalles réguliers.

La créativité des enfants évolue au rythme des saisons. Les mois qui passent donnent envie de réaliser une foule d'objets avec du papier, du carton, ou des éléments naturels. Voici des idées pour chaque mois de l'année !

Pour le printemps, les petites mains composent un bouquet de fleurs en papier crépon, des collages, des petits animaux en chenille. En été, elles découpent des sous-verre en forme de fruits et des bateaux en éponge, peignent des galets et décorent des tableaux en coquillages. En automne, les enfants imaginent des personnages en pommes de pin et en marrons. En hiver, ils réalisent des fagots odorants, des bougies, des pompons pour les bonnets... l'année sera vite passée !

Au fil des saisons

Fleurs en crépon

Matériel

papier crépon de différentes couleurs, fil de fer plastifié, ciseaux, fil à coudre solide, élastique, règle, bolduc, crayon à papier, pince coupante.

1 Pour les pétales, découper une bande de papier crépon de 12 × 7 cm en posant le rouleau de crépon face à soi et en découpant la bande comme sur le dessin.

2 Plier la bande 3 fois en accordéon. Aux ciseaux, découper le haut en arrondi. Veiller à ne pas découper jusqu'en bas pour éviter de séparer les pétales. Déplier.

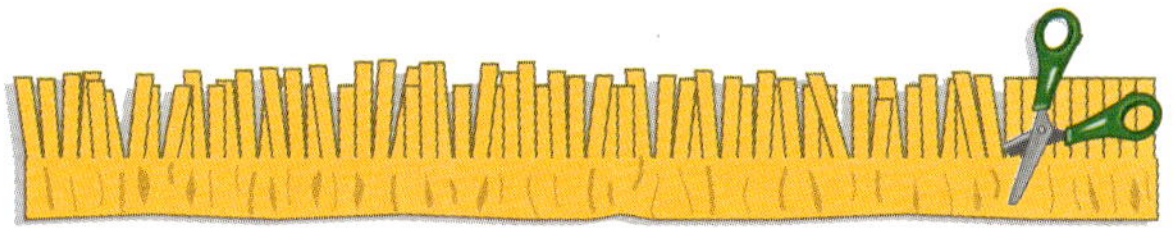

3 Pour les étamines, découper dans du papier crépon jaune une bande de 30 × 5 cm. Découper des franges fines de 4 cm de long.

4 Creuser les pétales avec les pouces. Enrouler la bande des étamines sur elle-même. Enrouler les pétales autour des étamines. Attacher un morceau de fil à la base de la fleur pour maintenir le tout.

5 Pour la tige, demander à un adulte de couper un morceau de fil de fer plastifié d'environ 20 cm. L'enrouler autour de la base de la fleur en serrant bien.

6 Réaliser une douzaine de fleurs de la même manière en utilisant des couleurs différentes pour les pétales. Les assembler en bouquet et les maintenir à l'aide d'un élastique.

7 Découper une bande de papier crépon vert de 50 × 25 cm. L'enrouler autour du bouquet. Serrer et nouer avec un morceau de bolduc.

Station météo

Matériel

plaques de mousse de couleur, compas, crayon à papier, règle, ciseaux, colle, attache parisienne, perforatrice, assiette, papier blanc fin, patrons page 253.

Baromètre

1 Reporter les patrons page 253 du soleil, des nuages, des gouttes, des éclairs et de la flèche au crayon sur du papier blanc fin.

Découper tous ces éléments. Les reporter sur de la mousse de différentes couleurs, sauf verte. Les découper.

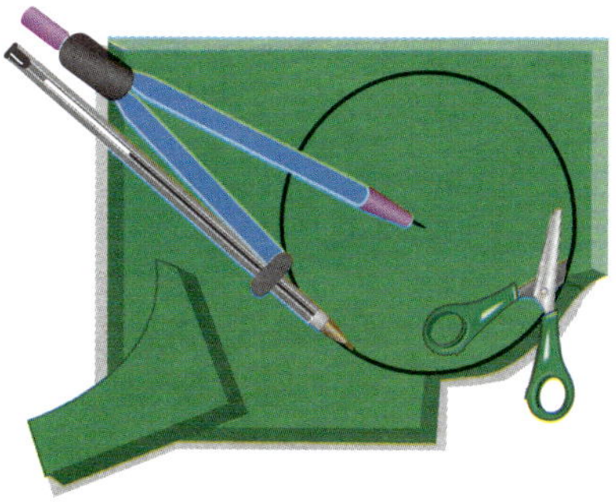

2 Pour le cadran, tracer au compas un cercle de 20 cm de diamètre sur de la mousse verte. Le découper.

3 Coller les éléments sur le cadran. Faire des trous avec une perforatrice pour les flocons de neige. Les coller. Laisser sécher.

4 Demander à un adulte de faire un trou au centre du cadran et dans la flèche. Glisser une attache parisienne dans la flèche puis dans le cadran. En rabattre les tiges au dos du cadran.

Tableau météo

1 Mesurer et découper un carré de mousse verte de 15 cm de côté. Pour l'arc-en-ciel, dessiner des bandes courbes régulières à l'aide du bord d'une assiette.

2 Reporter le patron du soleil, du nuage et des gouttes sur la mousse. Découper tous les éléments et les coller sur le carré vert. Laisser sécher. Couper les bandes de chaque côté si elles dépassent.

Tableau fleuri

Matériel

différentes fleurs et herbes séchées : pâquerettes, graminées, persil plat, graines, planche de bois ou de contreplaqué de 30 × 40 cm environ, feuille de papier de mêmes dimensions, boîte en plastique ou panier, colle, journal, livres lourds, ciseaux.

1 Lors d'une promenade, ramasser des fleurs, des herbes ou des graines. Les placer dans une boîte ou dans un panier pour éviter de les abîmer.

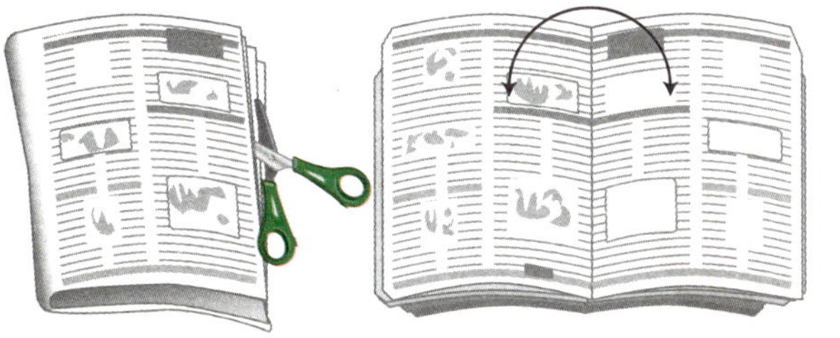

2 Plier le journal en quatre. Le découper afin de constituer des chemises pour faire sécher les fleurs et les herbes.

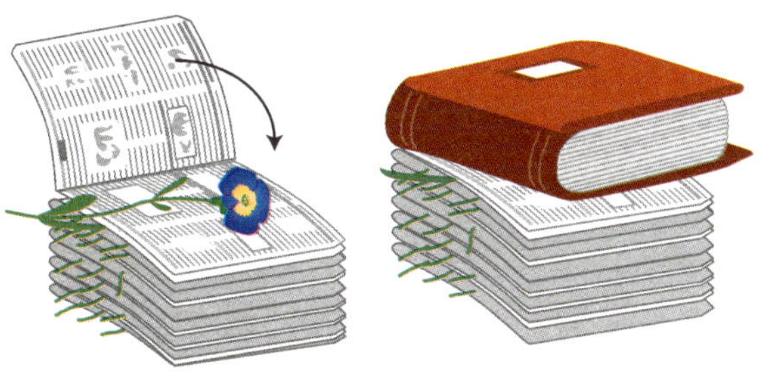

3 Placer les fleurs et les herbes à plat dans les chemises. Ranger les chemises les unes sur les autres, poser un poids dessus. Laisser sécher pendant 2 semaines.

4 Coller la feuille de papier sur la planche de bois ou de contreplaqué. Bien lisser avec le plat de la main pour éviter de faire des plis. Laisser sécher.

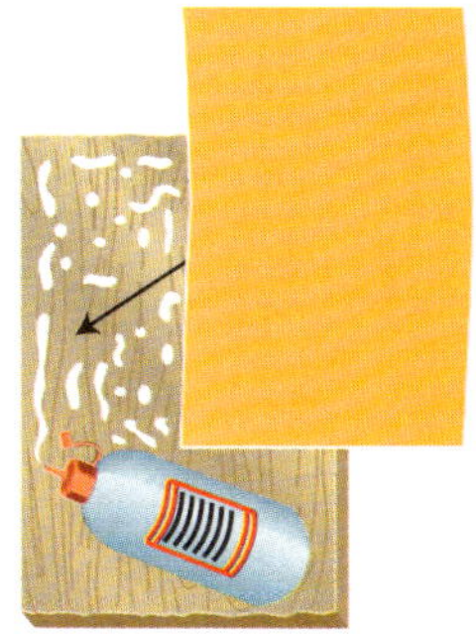

5 Sortir délicatement les fleurs et les herbes séchées des chemises en papier journal et les poser à plat sur la table.

6 Coller les fleurs et les herbes sur la planche recouverte de papier en formant un visage. Coller des herbes pour le contour du visage et les cheveux.

7 Ajouter des fleurs et des graines selon sa fantaisie pour dessiner les yeux, la bouche, le nez… Laisser sécher bien à plat.

Animaux tout doux

Matériel

chenilles de différentes couleurs, boules de cotillon percées, ciseaux, feutre noir ou bleu, crayon.

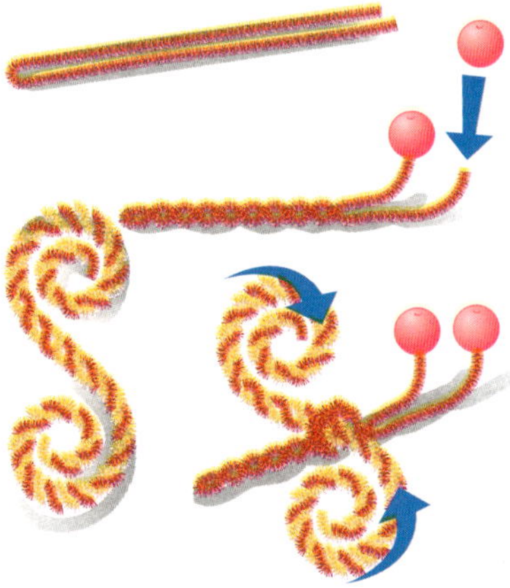

Escargots

Plier une chenille de 30 cm en deux. Torsader en laissant 4 cm. Piquer 2 boules de cotillon. Pour la coquille, torsader 2 chenilles de 30 cm de deux couleurs. Former une spirale à chaque extrémité. Entortiller le corps entre les 2 spirales, puis les rabattre l'une contre l'autre.

Fourmis

Plier en 2 une chenille de 20 cm. Enfiler 3 boules de cotillon pour le corps et 2 autres à chaque extrémité pour les yeux.

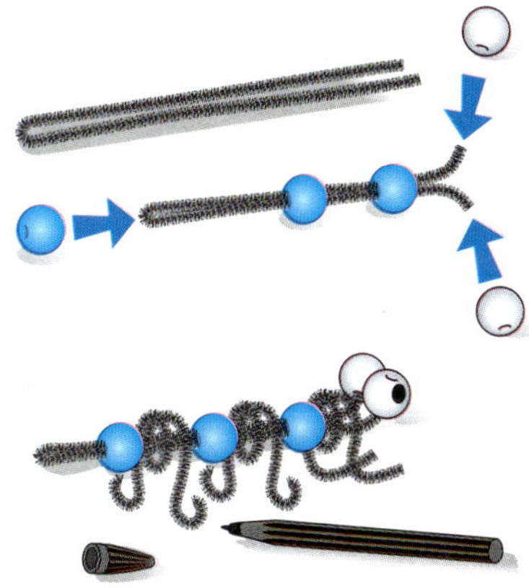

Couper 3 morceaux de chenille de 14 cm pour les pattes. Les entortiller entre chaque boule. Dessiner les pupilles au feutre.

Abeille

Enfiler 2 boules de cotillon sur une chenille de 17 cm pliée en deux. Fixer les yeux et les pattes comme pour les fourmis. Former 2 boucles sur une chenille jaune de 28 cm. Entortiller les ailes autour du corps. Dessiner les pupilles.

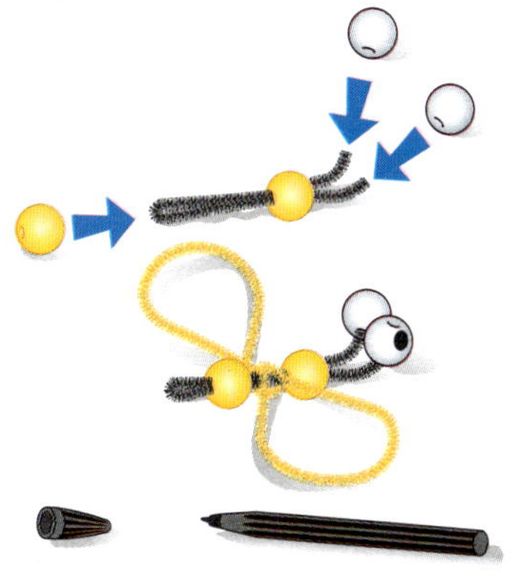

Papillon

Avec une chenille de 40 cm, former le corps comme pour l'escargot. Couper 2 chenilles de 35 cm. Sur l'une d'elle, entortiller un morceau de chenille d'une autre couleur à chaque extrémité. Former une spirale aux extrémités des 2 chenilles. Entortiller le corps autour.

Carnet printanier

Matériel

petit bloc-notes d'environ 10 × 7 cm, carton fin blanc, Coton-Tige, colle, peinture, papier de couleur, eau, règle, attache en toile gommée, ciseaux, crayon à papier.

1 Tracer sur du carton fin blanc un rectangle plus grand que le bloc-notes. Le découper.

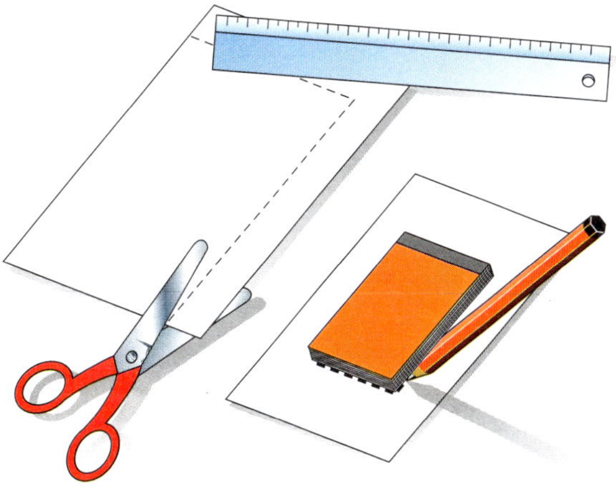

2 Poser le bloc-notes sur le carton et suivre ses contours avec un crayon pour marquer son emplacement.

3 Peindre les décors avec de la peinture appliquée avec des Coton-Tige. Prévoir un Coton-Tige par couleur. Mouiller le Coton-Tige dans de l'eau puis le tremper dans la peinture.

4 Peindre des fleurs, des petits points et des feuilles. Couvrir toute la surface du carton, sauf à l'emplacement du carnet. Laisser sécher. Ajouter des petits points pour le cœur des fleurs. Bien laisser sécher.

5 Mesurer la couverture du carnet. Diviser la largeur par 2 et découper 2 bandes de papier de couleur. Les coller sur le bloc-notes.

6 Dessiner des fleurs sur du papier de couleur. Les découper. Les plier en deux sans marquer la pliure. Évider les cœurs des fleurs aux ciseaux. Les coller sur la couverture.

7 Coller le bloc-notes sur l'emplacement prévu. Fixer une attache en toile gommée au dos du carton pour pouvoir l'accrocher.

Sous-verre fruités

Matériel
plaques de mousse de différentes couleurs, ciseaux, ciseaux cranteurs, compas, colle, crayon à papier, perforatrice, papier blanc fin, patrons page 255.

1 Tracer au compas des cercles de 8 cm de diamètre sur de la mousse de différentes couleurs. Pour la poire, dessiner à la main un demi-cercle plus petit au-dessus du premier. Découper en suivant les tracés.

2 Reporter les patrons des feuilles page 255 sur du papier blanc fin. Les découper.

3 Tracer les contours des feuilles sur de la mousse vert clair ou vert foncé. Les découper.

4 Coller les feuilles en les faisant dépasser des ronds en mousse.

5 Pour l'ananas, découper 3 bandes vert foncé d'environ 3 × 1 cm avec les ciseaux cranteurs. Les coller sur la feuille. Découper des carrés jaunes, puis les coller.

6 Découper avec la perforatrice des petits ronds dans une plaque de mousse jaune. Les coller sur la fraise et l'orange. Laisser sécher.

7 Découper une petite bande courbe rose et la coller sur la prune.

Bateaux-éponges

Matériel

éponges fines et très fines de couleurs variées, ciseaux, feutre noir, règle, colle.

1 Tracer 2 rectangles de 10 × 5 cm sur de l'éponge fine de même couleur ou de couleurs différentes.

2 Découper les rectangles, puis les recouper en pointe. Les coller l'un sur l'autre pour la coque du bateau.

3 Découper 2 carrés de 3 cm de côté environ dans une éponge fine de couleur. Les coller en pile. Puis coller la pile sur la coque du bateau pour la cheminée.

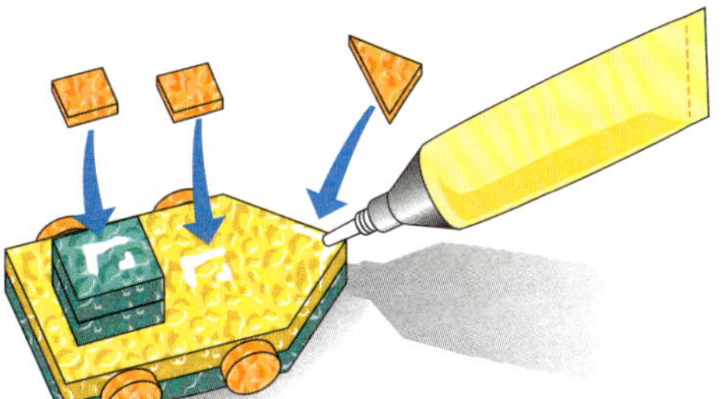

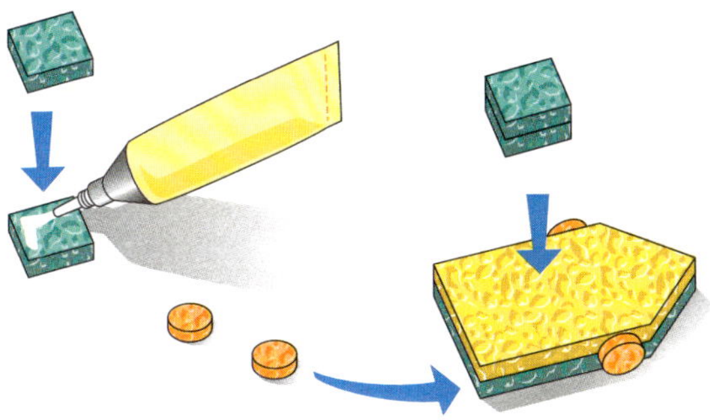

4 Pour les hublots, découper 4 petits ronds dans une éponge très fine. Les coller de chaque côté de la coque.

5 Décorer avec des petits carrés d'éponge très fine. Ajouter un triangle à l'avant du bateau.

Papillons d'été

Matériel

bristol blanc, encre de couleur ou peinture : bleu, rouge et jaune, pinceaux, colle pailletée de couleur, baguettes en bois, scotch, ciseaux.

1 Plier une feuille de bristol blanc en deux. La déplier. Déposer avec un pinceau des taches d'encre sur un des côtés de la feuille. On peut remplacer l'encre par de la peinture très diluée, mais les couleurs seront un peu moins lumineuses. Pour faire le corps, placer une tache de forme plus allongée le long de la pliure.

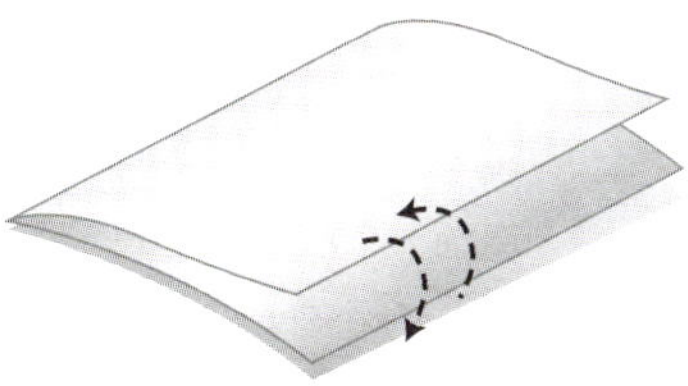

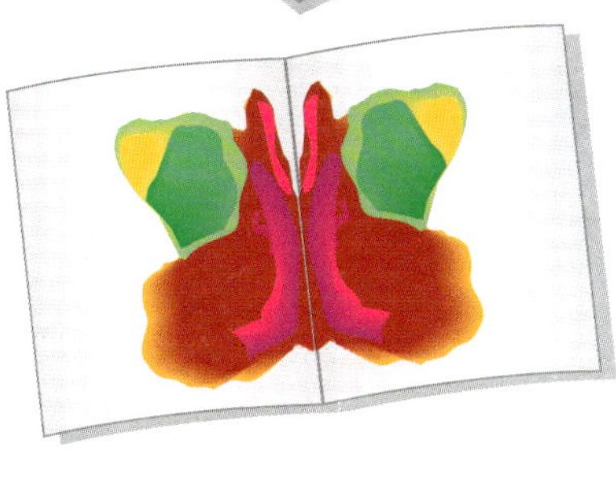

2 Sans attendre, refermer la feuille de bristol et bien appuyer avec le plat de la main pour étaler l'encre à l'intérieur. Ouvrir la feuille : les taches sont réparties symétriquement. Si le blanc de la feuille apparaît encore, on peut rajouter un peu d'encre d'un côté et refermer la feuille à nouveau. Bien laisser sécher.

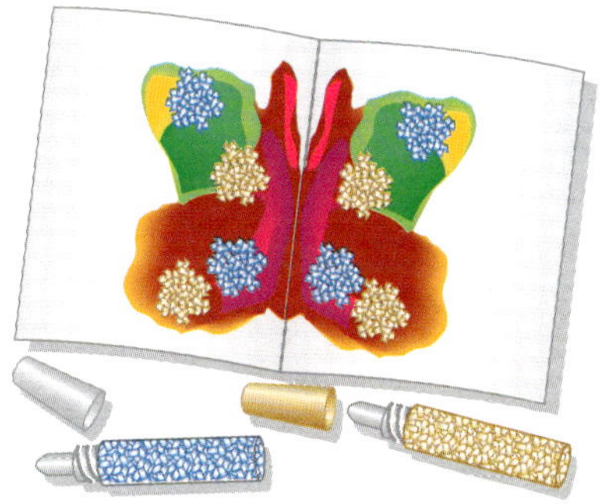

3 Déposer de la colle pailletée de différentes couleurs sur un côté du papillon. Refermer, appuyer et rouvrir. Laisser sécher.

4 Plier le papillon de façon à voir les couleurs. Découper les deux épaisseurs en même temps en suivant la limite des couleurs.

5 Au dos du papillon, fixer une baguette avec deux morceaux de scotch.

Galets peints

Matériel

galets de formes diverses, crayon à papier, gomme, peinture, pinceaux : fin et moyen, colle vinylique, vernis incolore (facultatif).

1 Ramasser des galets de différentes formes lors d'un séjour au bord de la mer.

2 Imaginer un motif en fonction de la forme du galet. Le dessiner au crayon à papier. Si le résultat n'est pas satisfaisant, gommer et recommencer.

3 Avec de la peinture non diluée et un pinceau moyen, peindre les grandes zones de couleur. Laisser sécher.

4 Avec un pinceau fin, ajouter les détails : bouche, yeux, oreilles, fenêtre, porte, etc. Laisser sécher. Appliquer une couche de vernis incolore (facultatif).

5 Pour coller un petit galet sur un autre, utiliser de la colle vinylique. Pour un collage plus solide, demander à un adulte d'utiliser une colle-contact.

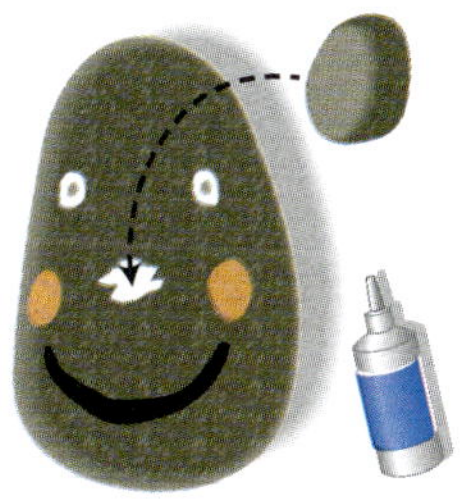

Cadres coquillages

Matériel

coquillages : bigorneaux, patelles, moules... papier de couleur épais mat ou brillant, brosse à dents usagée, règle, ciseaux, colle, crayon à papier.

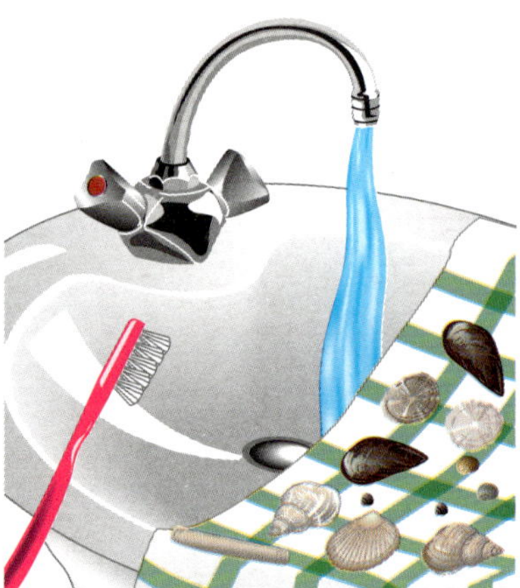

1 Lors d'une promenade sur une plage, ramasser des coquillages de différentes formes. On peut aussi récupérer les coquilles de coques, moules, bulots ou bigorneaux, après les avoir mangés.

Laver les coquilles et les nettoyer avec une brosse à dents usagée puis bien les essuyer.

2 Tracer au crayon à papier un rectangle d'environ 22 × 24 cm sur du papier de couleur. Le découper.

3 Choisir un motif. Disposer des gros coquillages sur le papier pour préparer le motif.

4 Puis les coller un par un en appuyant bien. Laisser sécher.

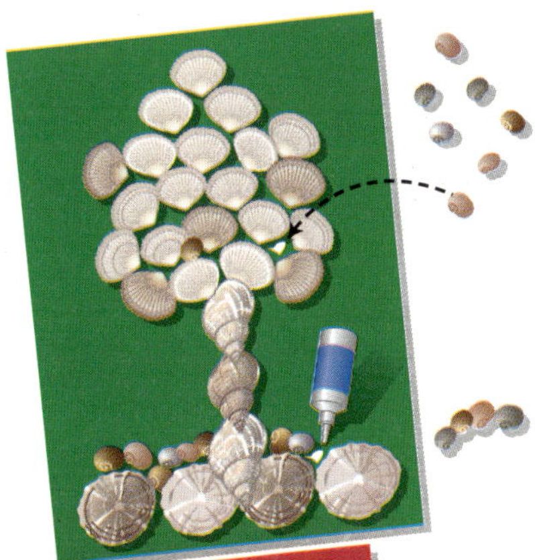

6 Sur le même principe, on peut créer d'autres animaux, une maison, des personnages...

5 Coller des petits coquillages pour les détails comme les yeux, le museau, les fruits de l'arbre... Bien laisser sécher à plat.

Animaux-marrons

Matériel

marrons, graines : pois, maïs, haricots... brindilles, raphia, cure-dents, petite vrille ou un couteau et une vis, peinture et pinceau (facultatif).

1 Demander l'aide d'un adulte pour trouer les marrons. Utiliser une petite vrille, ou un couteau et agrandir les trous avec une vis.

Demander à un adulte de percer un trou dans 2 marrons pour la tête et le bas du corps. Percer les autres marrons du corps de part en part.

2 Casser une brindille selon la hauteur de marrons du corps. Les enfiler, ajouter la tête. Demander à un adulte de percer d'autres trous : 3 pour les pattes pour que l'animal soit bien stable, 2 pour les bras. Enfoncer des cure-dents et des brindilles.

3 Pour les animaux à quatre pattes, percer 2 trous dans les marrons aux extrémités du corps et y enfoncer des cure-dents. Fixer la tête avec une petite brindille.

4 Demander à un adulte de percer d'autres trous sur la tête et enfoncer des graines ou d'autres éléments naturels pour les yeux, la bouche et les oreilles...

5 On peut aussi peindre les détails du visage.

Cartes d'automne

Matériel

papier épais de couleur, papier fin de couleur, papier crépon, crayon à papier, gomme, raphia, colle, règle, ciseaux.

1 Tracer au crayon sur du papier épais un rectangle de 15 × 30 cm. Le découper aux ciseaux avec soin. Le plier en deux.

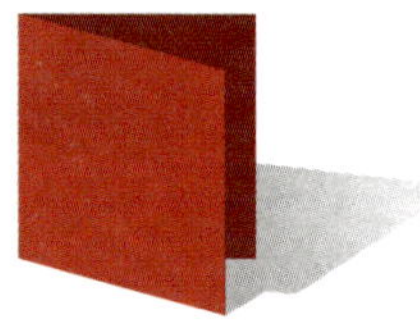

2 Sur du papier fin d'une couleur contrastée, dessiner un gros motif ou plusieurs petits motifs de formes simples.

3 Déchirer lentement les motifs le long du contour du dessin, en pinçant le papier entre le pouce et l'index.

4 Gommer délicatement les traits de crayon s'il en reste. Coller les motifs sur la carte.

5 Déchirer des petits morceaux de papier crépon d'environ 3 cm de côté. Les froisser pour former des boulettes. Les coller sur la carte. Laisser sécher.

6 Couper des brins de raphia de 40 cm et les nouer sur le côté. On peut glisser dans la carte une feuille de papier fin pliée en deux de mêmes dimensions, avant de nouer le raphia.

Bouquet sec

Matériel

éléments naturels : feuilles et fleurs séchées, aiguilles de pin, écorce... pot de yaourt ou pot en tourbe, mousse végétale, scotch double-face, couteau rond.

1 Lors d'une promenade, ramasser des feuilles et d'autres éléments naturels. Les laisser sécher pendant quelques jours.

2 Avec un couteau, tailler la mousse pour qu'elle rentre dans le pot.

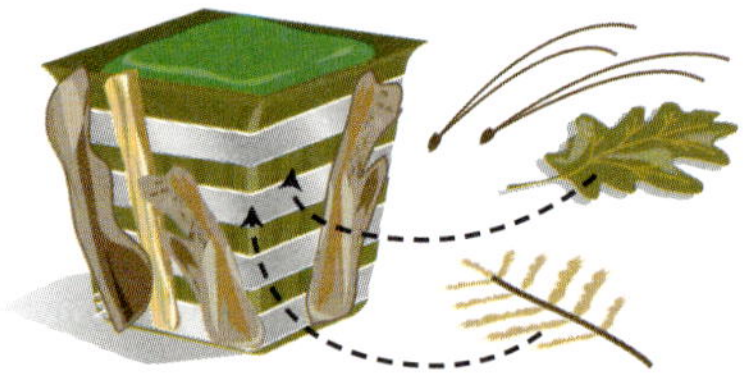

3 Fixer des bandes de scotch double-face autour du pot. Recouvrir toute la surface du pot avec des petites feuilles et d'autres éléments naturels.

4 Pour le bouquet, piquer délicatement dans la mousse des grandes feuilles, des brindilles...

Bonhomme-nature

2 Coller une feuille repliée pour le corps. Ajouter une graine d'acacia ou une petite feuille pour la tête.

3 Coller 2 morceaux de paille ou des brindilles pour les jambes, et des feuilles recourbées pour les bras.

4 Terminer la tête avec des graminées, de la mousse... Coller 2 enveloppes de glands pour les yeux.

On peut imaginer beaucoup d'autres modèles selon la forme des éléments ramassés.

Matériel

éléments naturels séchés : graine d'acacia, paille, feuilles, graminées, mousse séchée... papier blanc, carton, colle.

1 Coller une feuille blanche sur un morceau de carton un peu plus grand.

Figurines des bois

Matériel

pommes de pin, brindilles, branches, coquilles de noix, pâte à modeler, rouleau en carton d'essuie-tout, peinture, pinceau, cutter, colle.

Bonhomme debout et arbre

1 Pour le bonhomme debout et l'arbre, demander à un adulte de couper 2 morceaux de rouleau de 7 cm et de 5 cm de hauteur. Les peindre. Laisser sécher.

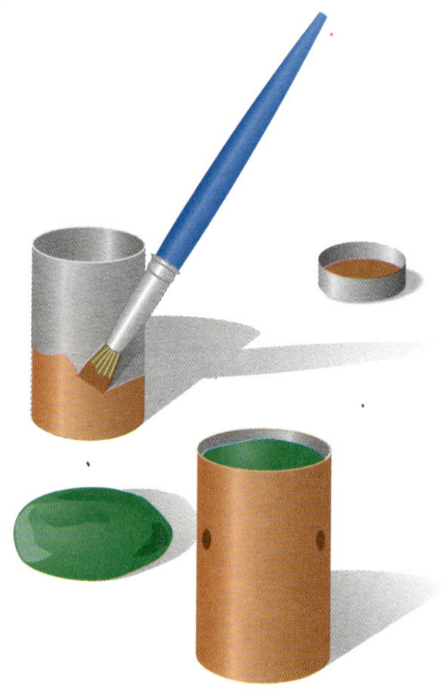

2 Demander à un adulte de faire 2 trous sur le rouleau du bonhomme. Remplir les rouleaux de pâte à modeler.

3 Pour l'arbre, piquer une branche dans la pâte à modeler. Coller une pomme de pin à l'autre extrémité. Piquer des brindilles et ajouter des boules de pâte.

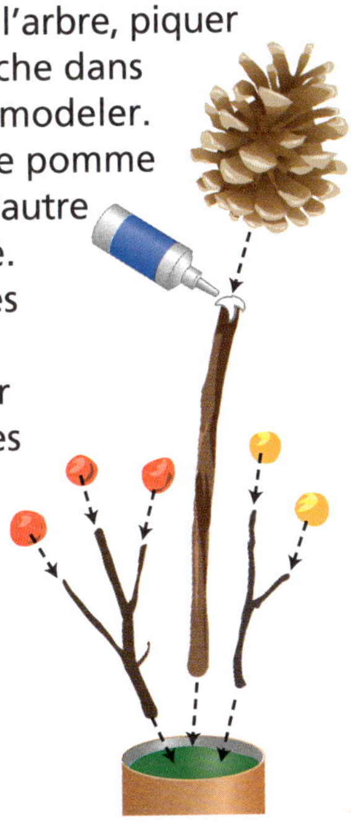

4 Piquer des branches pour les membres du bonhomme. Coller une tête en pomme de pin. Modeler un socle et remplir 2 noix de pâte, les assembler. Ajouter les détails en pâte à modeler.

Bonhomme assis

Coller 2 branches dans une pomme de pin puis un morceau d'une grosse branche pour la tête. Le terminer en s'aidant du dessin.

Carillons mignons

Matériel

argile autodurcissante, brochette, laine ou ficelle ou raphia, éléments naturels : feuilles, marrons, pommes de pin… petite vrille ou un couteau et une vis, pinceau, peinture, ciseaux.

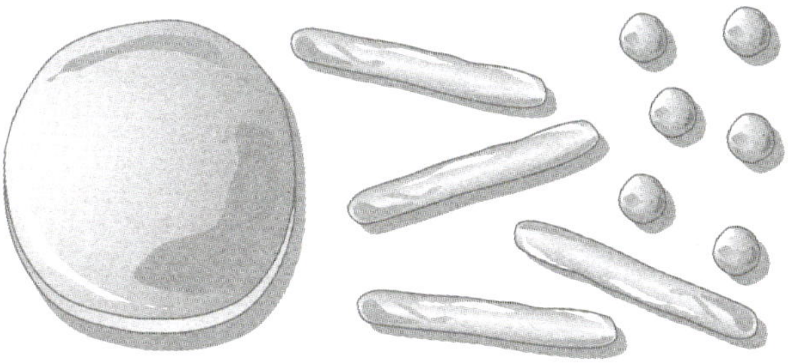

1 Avec l'argile autodurcissante, modeler un disque épais d'environ 8 cm de diamètre. Selon le modèle choisi, modeler 6 boules ou 4 boudins d'environ 8 cm de long.

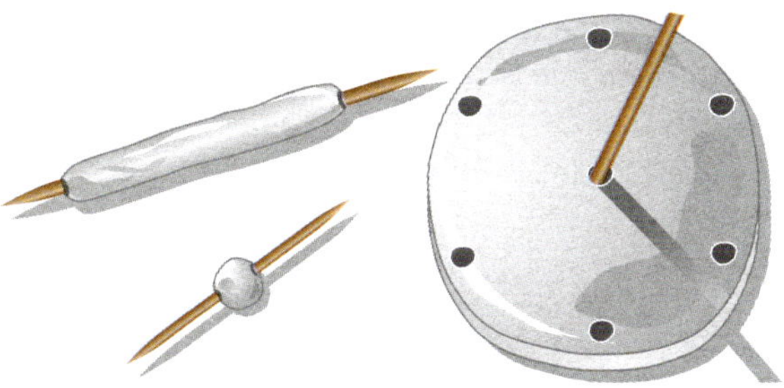

2 Avec une brochette, percer les boules et les boudins. Faire un trou au centre du disque et d'autres tout autour. Laisser sécher.

3 Peindre le disque, les boules ou les boudins selon sa fantaisie. Laisser sécher.

4 Demander à un adulte de percer les éléments naturels trop durs avec une petite vrille ou d'amorcer le trou avec un couteau. Agrandir les trous avec une vis. Percer les feuilles avec une brochette.

5 Couper des morceaux de ficelle de 20 cm. Faire un nœud à l'extrémité de chacun. Enfiler des éléments naturels en les faisant alterner avec les perles ou les boudins. Pour les pommes de pin, nouer la ficelle autour des écailles. Passer chaque morceau de ficelle dans un des trous du disque et nouer.

6 Pour l'attache, couper un morceau de ficelle ou de raphia de 30 cm. Faire un gros nœud. Enfiler les éléments dans l'ordre de son choix : le disque, un marron, etc. Nouer en faisant une boucle à l'extrémité.

Oiseaux frileux

Matériel
boules de polystyrène de 5 cm de diamètre, chenilles et plumes de couleur, yeux mobiles, peinture, pinceaux, ciseaux, brochette en bois, colle, bocal.

1 Peindre avec de la peinture non diluée une boule de polystyrène en la piquant sur une brochette pour éviter de se salir les mains. Laisser sécher en plaçant la brochette dans un bocal.

Une deuxième couche de peinture peut être nécessaire pour obtenir une couleur uniforme.

3 Appliquer une goutte de colle dans les trous des ailes et de la queue. Enfoncer des plumes. Laisser sécher.

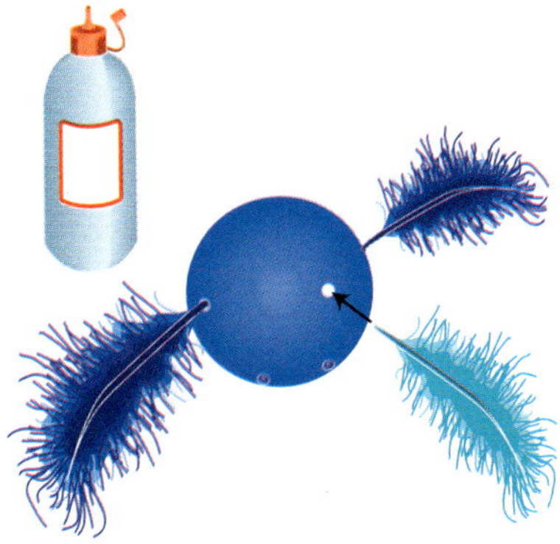

4 Pour la crête et le bec, couper 2 petits morceaux de chenille. Les plier en 2 et les piquer dans les trous.

Pour les pattes, recourber 2 morceaux de chenille un peu plus longs et les piquer dans les trous.

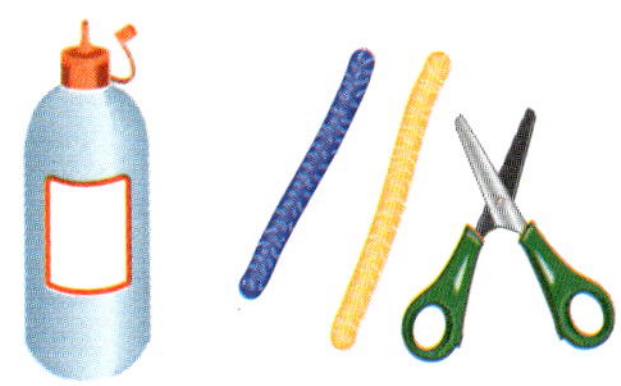

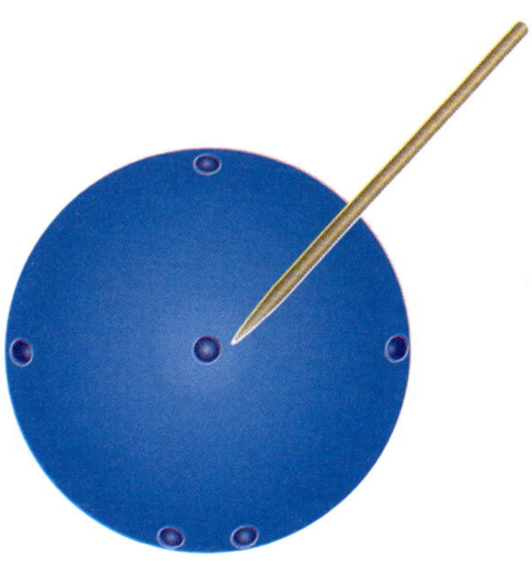

2 Quand la peinture est bien sèche, percer des trous dans la boule avec la pointe d'une brochette en bois. Commencer par faire un trou devant pour le bec, puis un trou de chaque côté pour les ailes. Continuer avec un trou derrière pour la queue, un sur le dessus pour la crête et 2 trous dessous pour les pattes.

5 Coller 2 yeux mobiles au-dessus du bec. Laisser sécher.

Fagots odorants

Matériel

brins de lavande,
bâtons de cannelle, grelot,
ficelle dorée, paillettes,
ciseaux, laque à cheveux.

Fagot de cannelle

Réunir 8 à 10 bâtons de cannelle. Enrouler une ficelle dorée en serrant bien et en laissant un bout libre de chaque côté. Glisser 2 paillettes avant de nouer. Faire un autre nœud pour accrocher le fagot.

Fagot de lavande

Rassembler une douzaine de brins de lavande. Procéder comme pour le fagot pour lier les queues. Glisser un grelot avant de faire le dernier nœud.

Pour éviter que les grains de lavande ne se détachent, demander à un adulte de vaporiser un voile de laque à cheveux dessus.

Senteurs d'hiver

2 Les faire sécher plusieurs jours sur une grille posée au-dessus d'un radiateur.

3 Superposer 3 ou 4 rondelles. Passer un brin de raphia ou de ficelle dorée au milieu. Faire un nœud.

4 Piquer des clous de girofle dans une rondelle. La poser sur une autre rondelle en glissant des feuilles de laurier entre les deux. Lier le tout avec une ficelle dorée.

Matériel

agrumes : orange, citron, citron vert, raphia, clous de girofle, feuilles de laurier, ficelle dorée, couteau, grille, ciseaux.

1 Demander à un adulte de découper des rondelles d'agrumes de 0,5 cm à 1 cm d'épaisseur.

Jolies bougies

Matériel

pâte à bougie à modeler de plusieurs couleurs, mèche pour bougie, ciseaux, cure-dents, couteau rond.

Veiller à ne jamais laisser une bougie allumée sans surveillance ; la placer sur une coupelle pour la faire brûler.

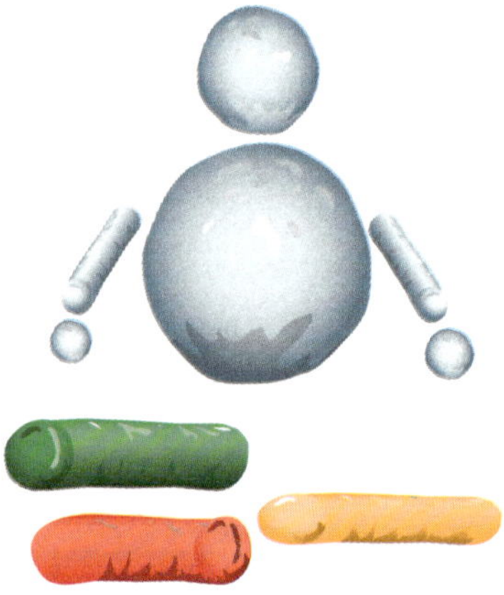

1 Malaxer la pâte à bougie pour l'assouplir. Modeler 2 boules pour le corps et la tête du bonhomme, 2 boudins pour les bras et 2 boulettes pour les mains.

2 Avec les couleurs de son choix, modeler le nez, les yeux, la bouche, les boutons, les chaussures et le bonnet. Assembler tous les éléments du bonhomme.

3 Pour le sapin, modeler des boules vertes. Les aplatir puis étirer 4 à 5 branches en forme d'étoile. Superposer les étoiles et ajouter de la pâte blanche pour la neige.

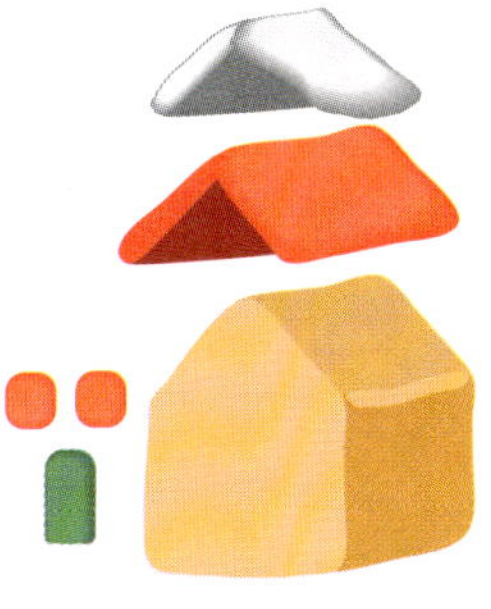

4 Pour la maison, modeler une forme pour les murs. Façonner une bande rouge pour le toit et un peu de pâte blanche pour la neige. Ajouter une porte et des fenêtres.

5 Couper un morceau de mèche de 1,5 cm plus long que la hauteur des sujets. Les percer de haut en bas, puis glisser la mèche dans le trou à l'aide d'un cure-dents.

Pompons colorés

Matériel

laine, crayon à papier, compas, ciseaux, cutter, carton léger, règle, aiguille à laine, vêtements : écharpes, bonnets...

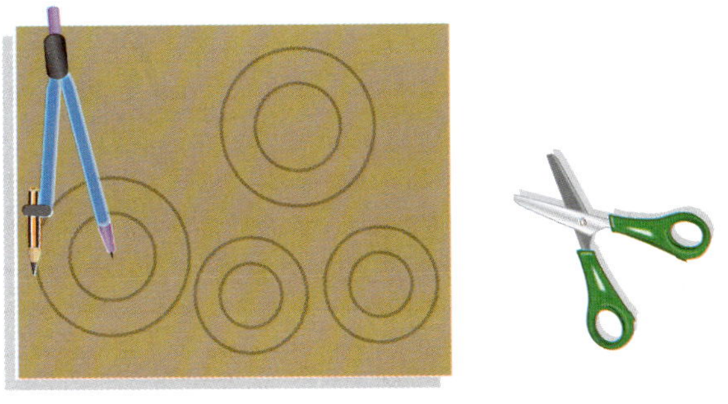

1 Sur du carton léger, tracer, au compas, 2 anneaux de 6 cm de diamètre (centre : 3 cm) pour les gros pompons et 2 anneaux de 4 cm de diamètre (centre : 2 cm) pour les petits pompons.

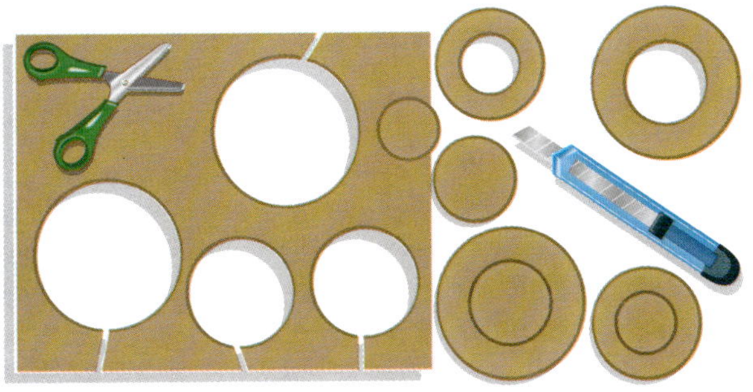

2 Découper les anneaux avec des ciseaux. Demander à un adulte d'évider le centre au cutter.

3 Préparer une petite pelote de laine par pompon à la taille des trous des anneaux.

4 Superposer 2 anneaux de même taille et passer la laine autour du carton en serrant très fort. Faire 4 à 5 tours complets.

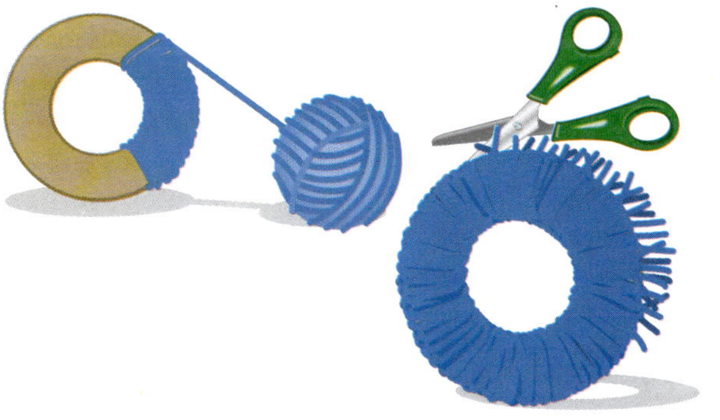

5 Glisser les ciseaux entre les 2 anneaux et couper la laine tout autour.

6 Enrouler un brin de laine entre les anneaux. Serrer et nouer en laissant 10 à 15 cm de laine pour pouvoir coudre le pompon. Ôter les anneaux et égaliser le pompon si nécessaire.

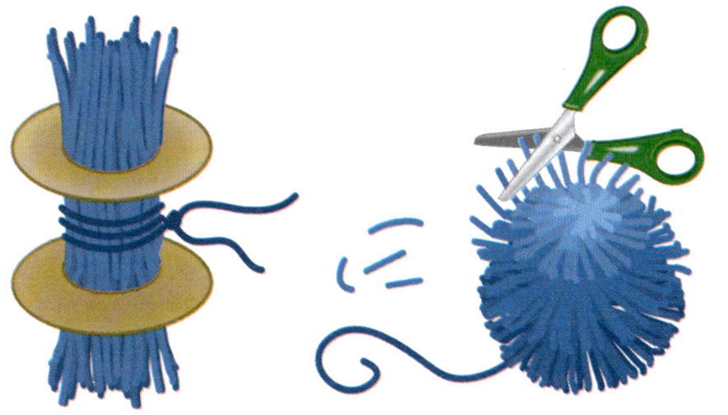

7 Enfiler le fil de laine dans une aiguille à laine. Demander à un adulte de coudre le pompon sur un bonnet ou sur une écharpe.

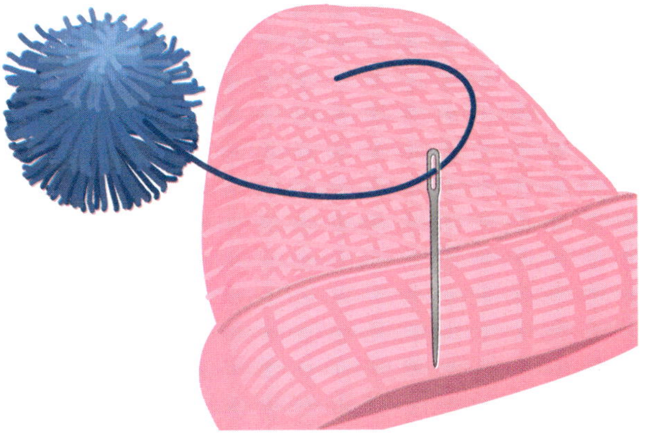

Tableaux enneigés

Matériel
plaque de polystyrène, couteau rond, colle, peinture, pinceau, aiguille à laine, règle, raphia, feutre, papier blanc fin, ciseaux, patron page 255.

1 Sur la plaque de polystyrène, tracer un rectangle mesurant 12 x 14,5 cm à l'aide d'un feutre. Le découper soigneusement avec un couteau.

Pour que les bords du polystyrène soient bien nets, un adulte peut faire les découpes en utilisant un cutter.

2 Reporter les patrons du tableau choisi page 255 sur du papier blanc fin. Les découper. Les reporter sur la plaque de polystyrène.

3 Découper les motifs au couteau en suivant les tracés.

4 Peindre le fond et les éléments avec de la peinture non diluée. Laisser des parties blanches pour rappeler la neige. Laisser sécher.

5 Coller les éléments sur le fond. Laisser sécher à plat.

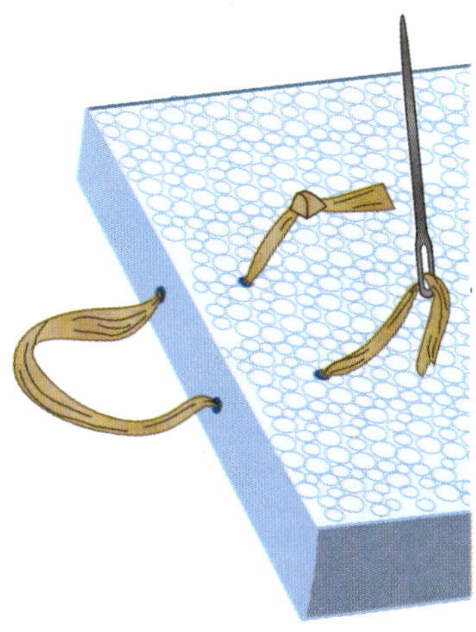

6 Pour l'attache, passer un brin de raphia en biais dans l'épaisseur de la plaque avec une aiguille à laine. Faire un nœud à chaque extrémité.

Index

Patrons

pages 20-21

pages 52-53

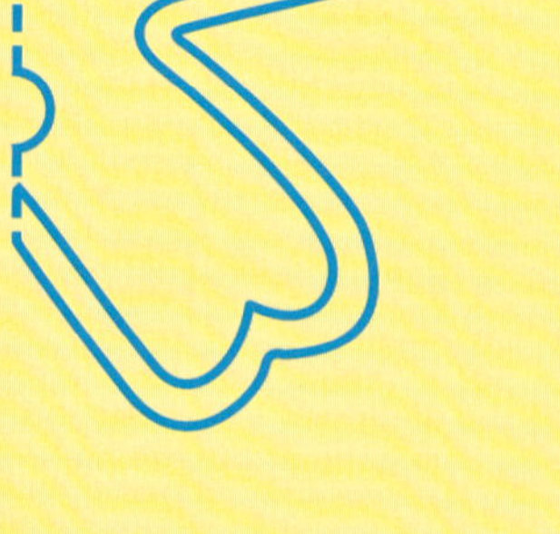

milieu du papillon

pages 20-21

pages 52-53

milieu du clown

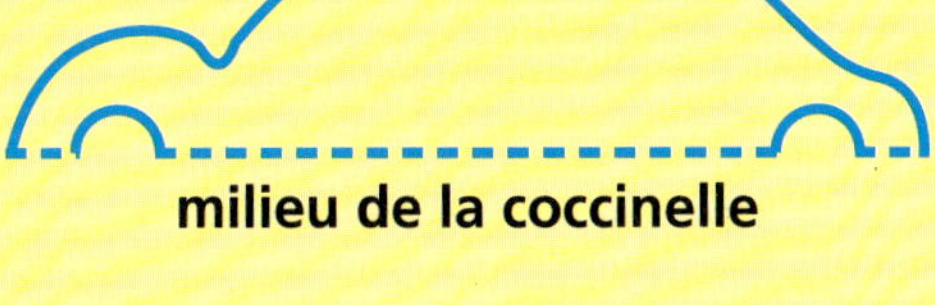

milieu de la coccinelle

milieu du clown

pages 26-27

page 62

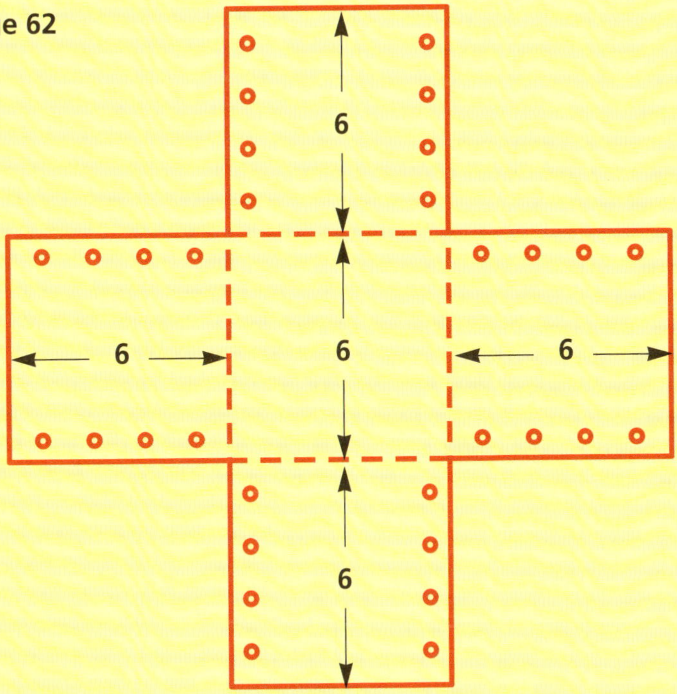

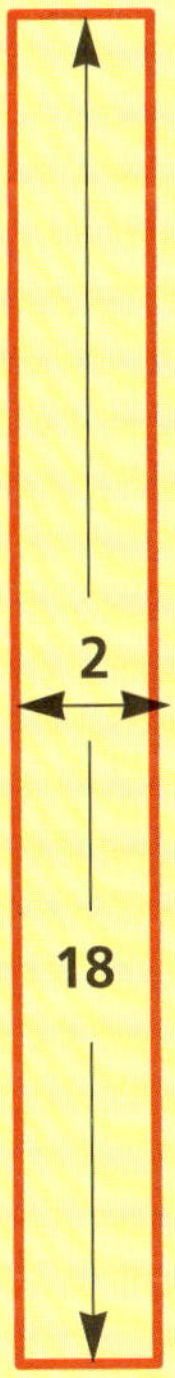

Patrons à agrandir 2 fois. Les mesures données en centimètres correspondent à la taille réelle.

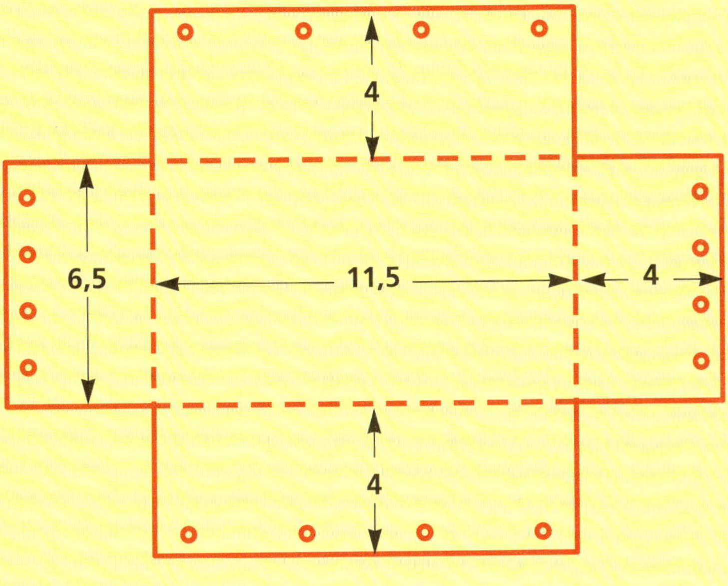

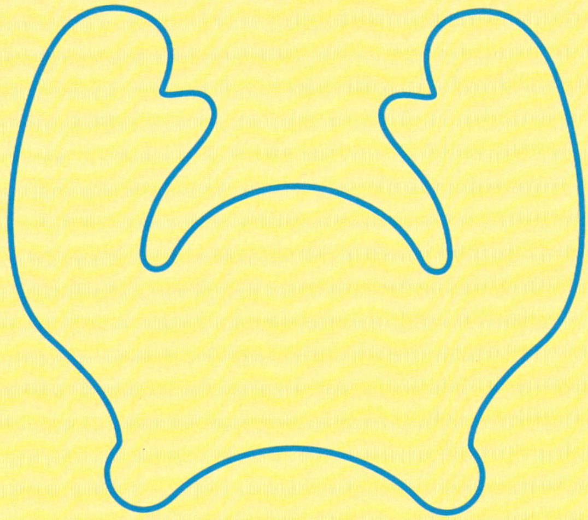

pages 72-73

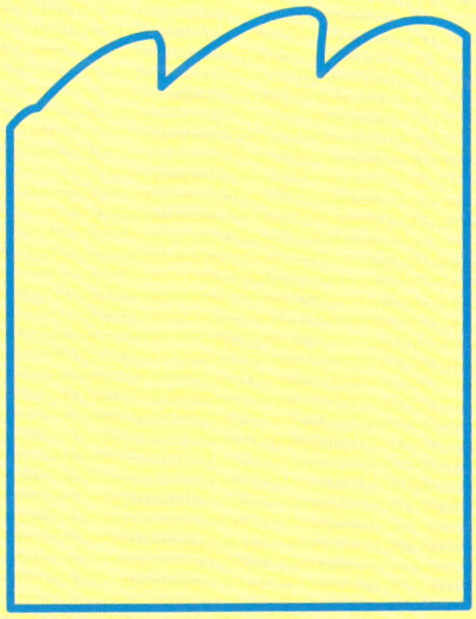

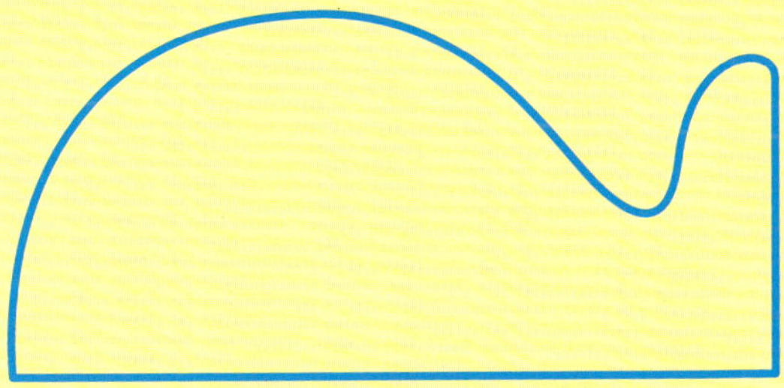
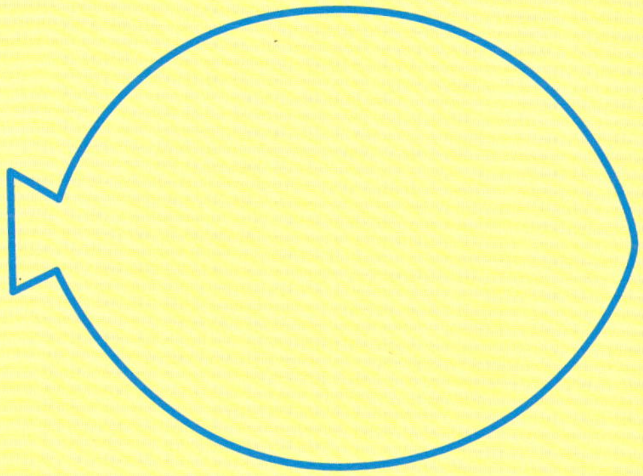

pages 72-73

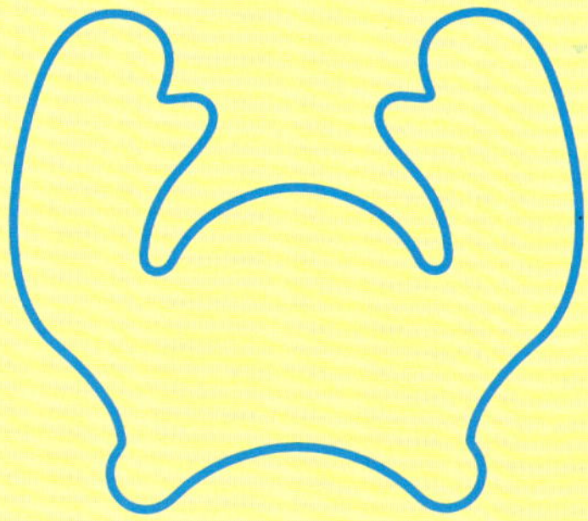

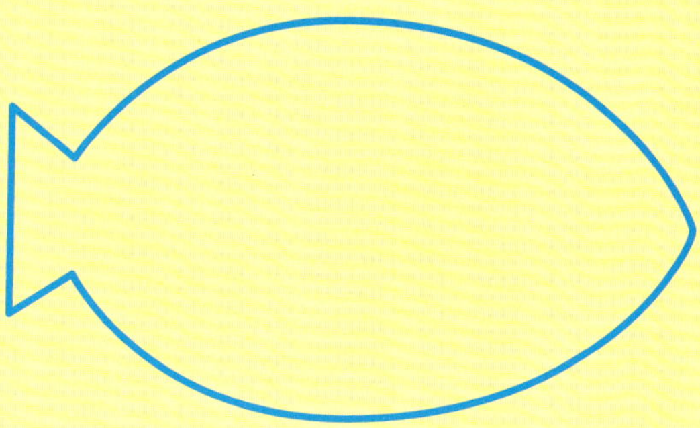
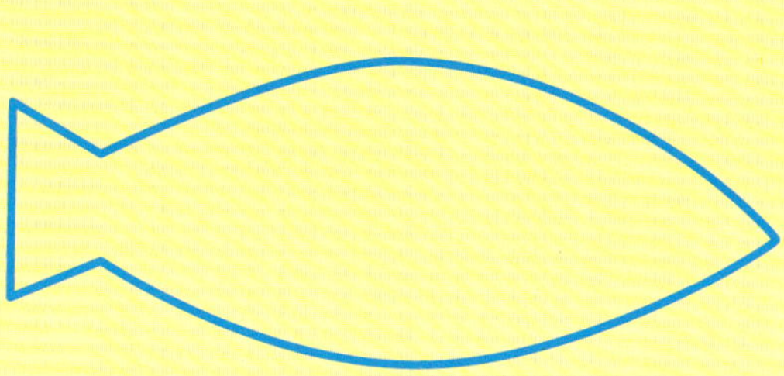

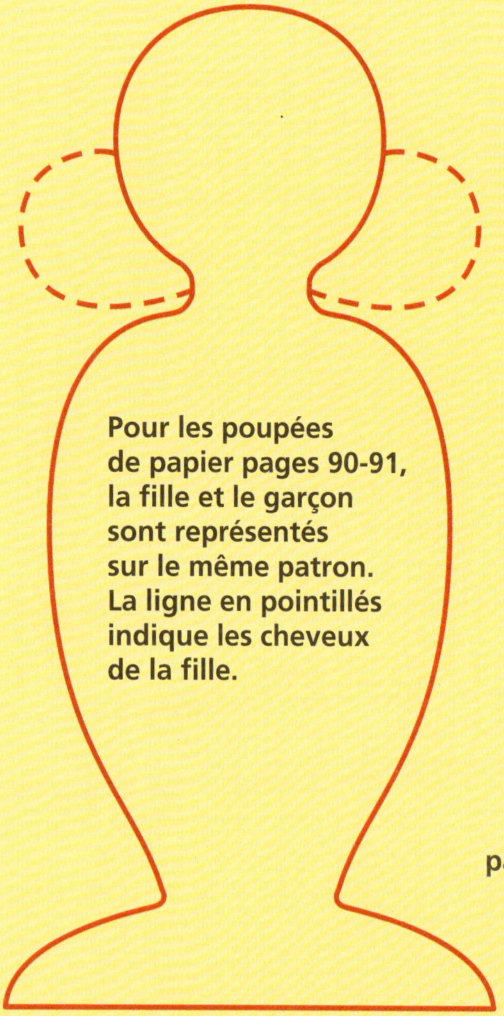

Pour les poupées
de papier pages 90-91,
la fille et le garçon
sont représentés
sur le même patron.
La ligne en pointillés
indique les cheveux
de la fille.

pages 90-91

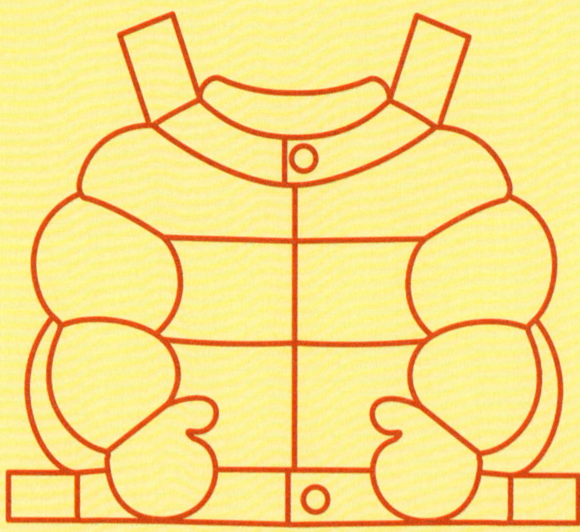

La poupée et les vêtements
sont à agrandir 2 fois.
On peut aussi les utiliser
à cette échelle.

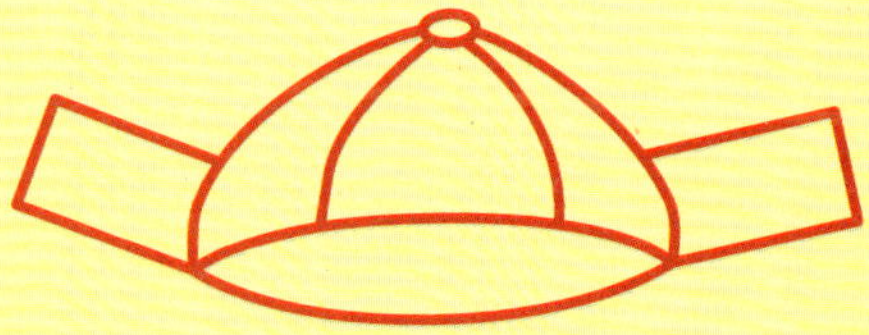

pages 90-91

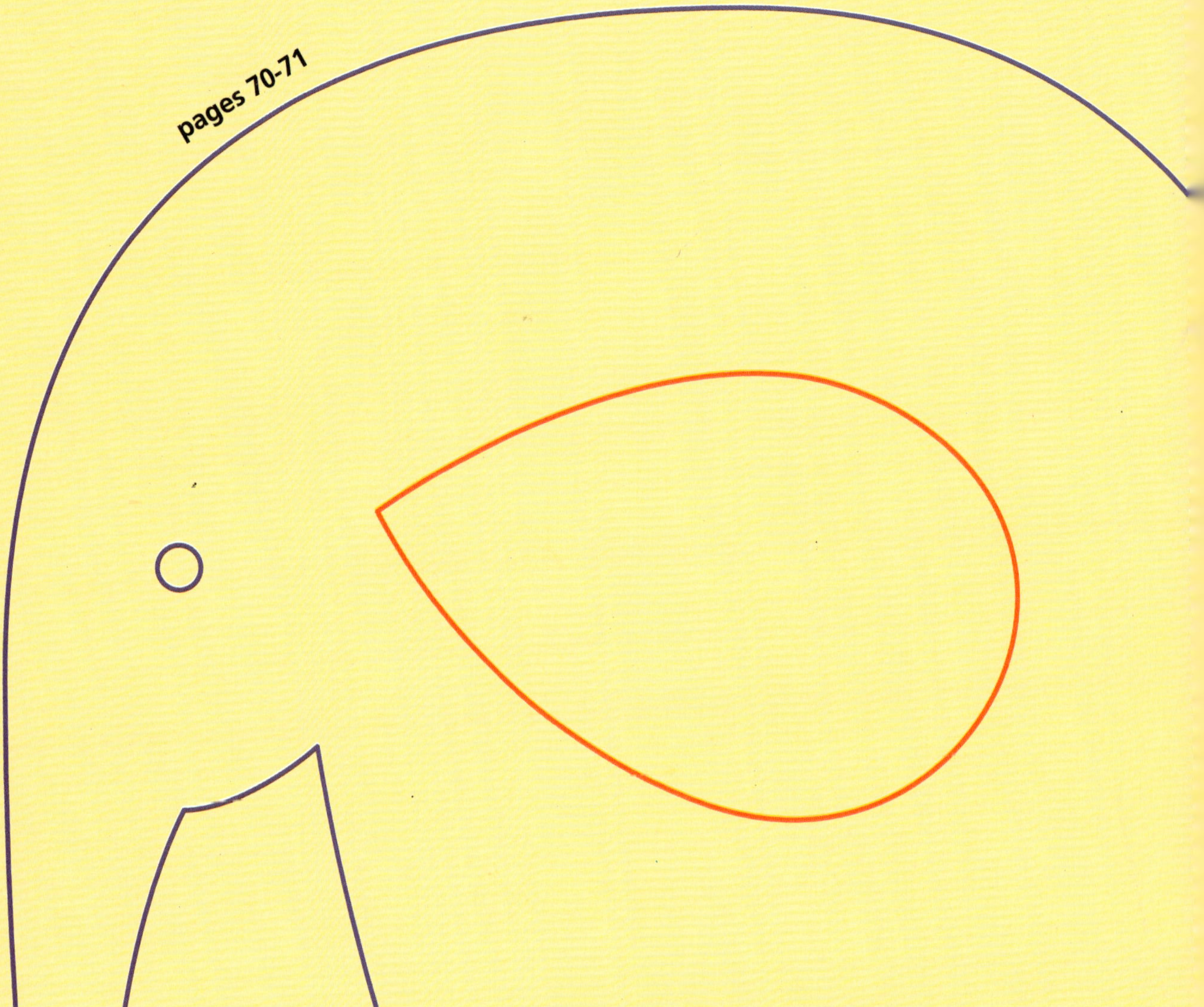
pages 70-71

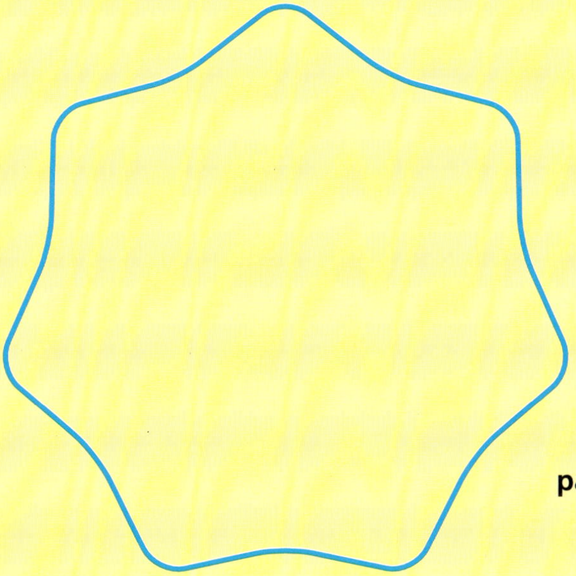

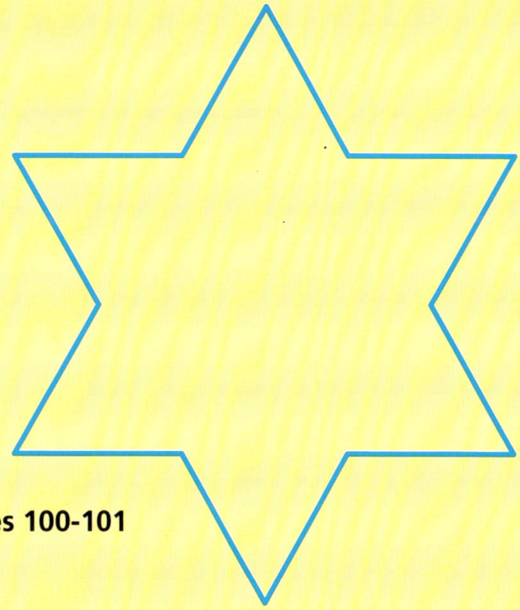

pages 100-101

pages 136-137

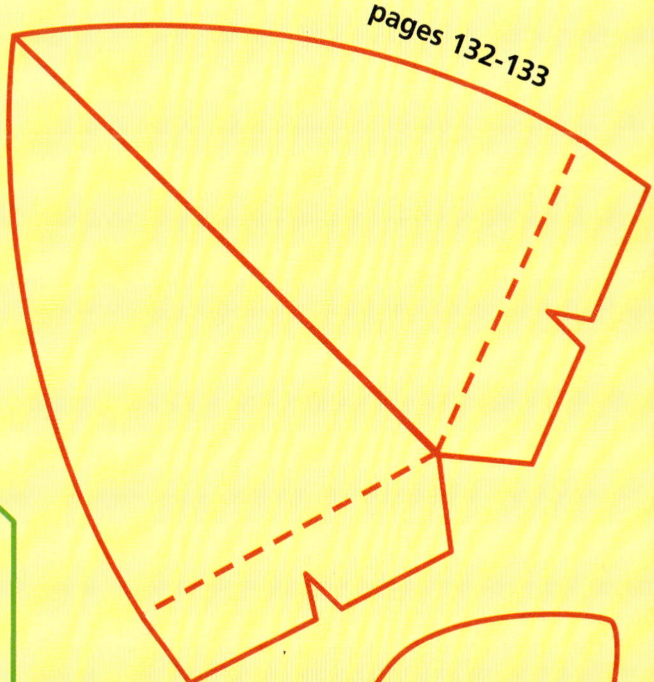

pages 132-133

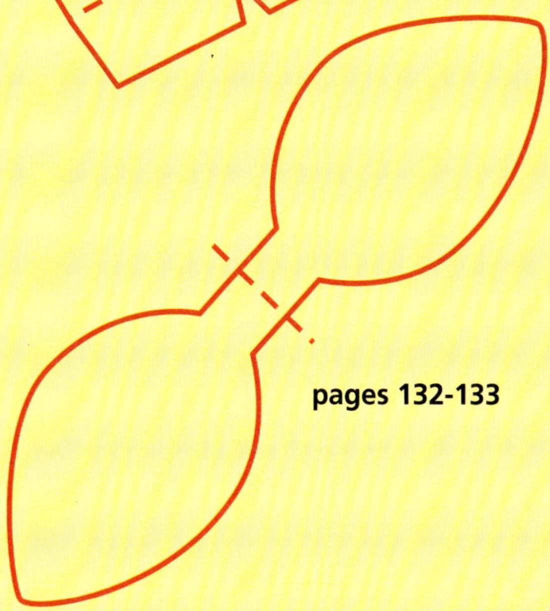

pages 132-133

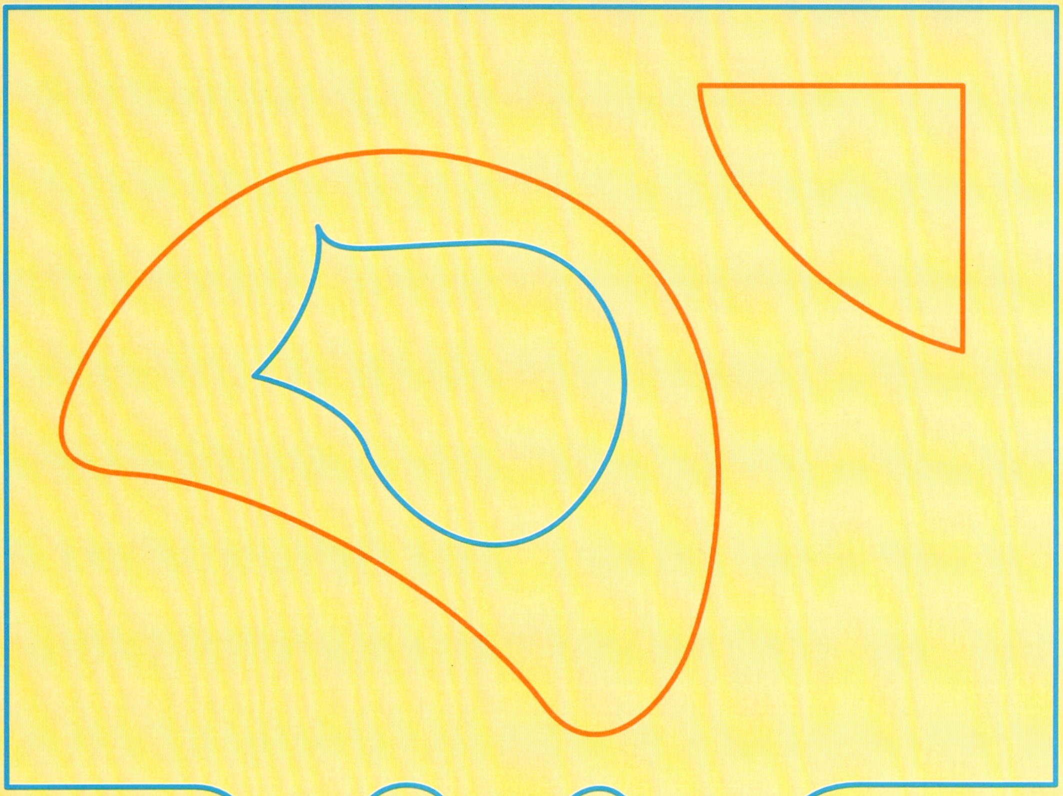

pages 98-99

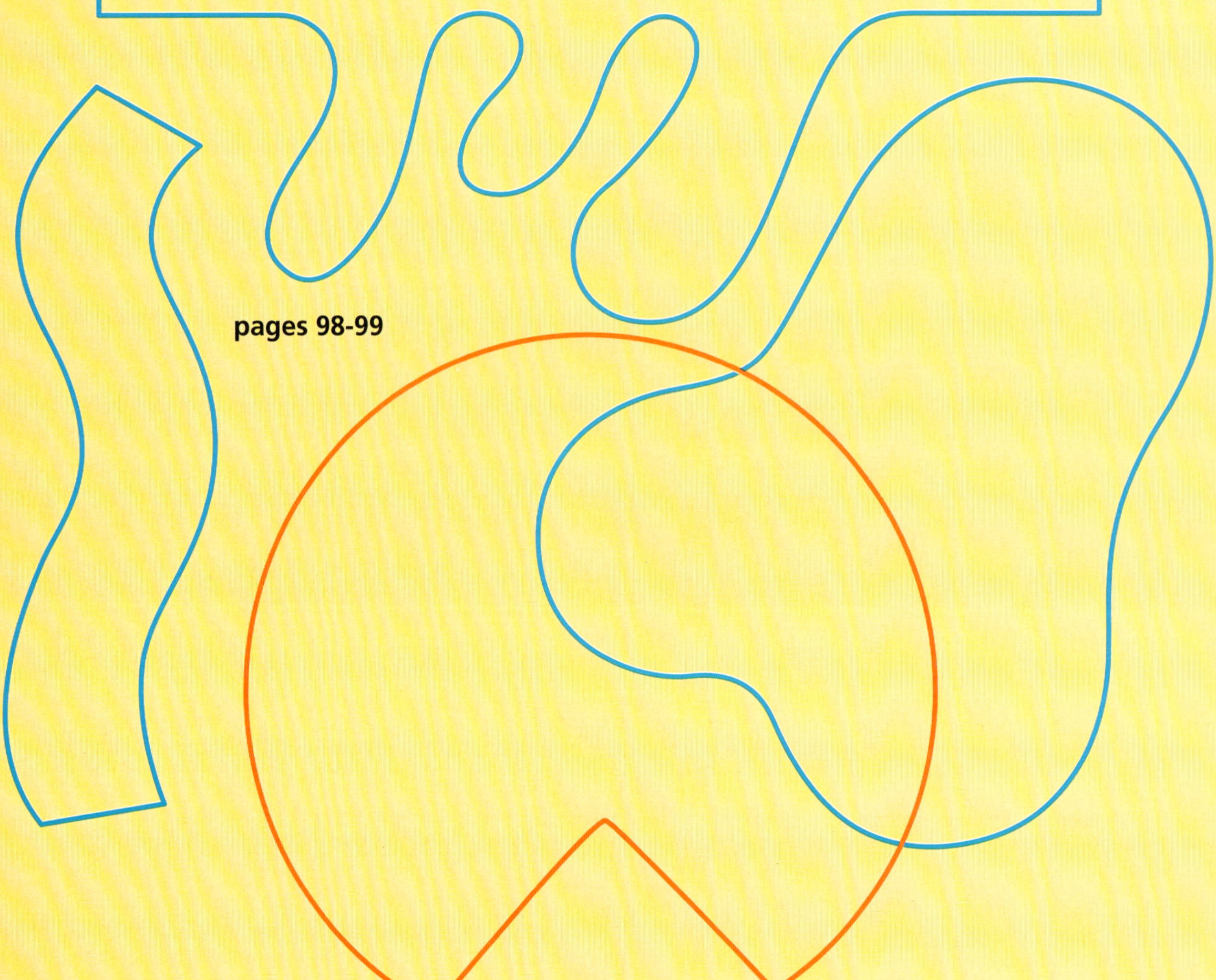

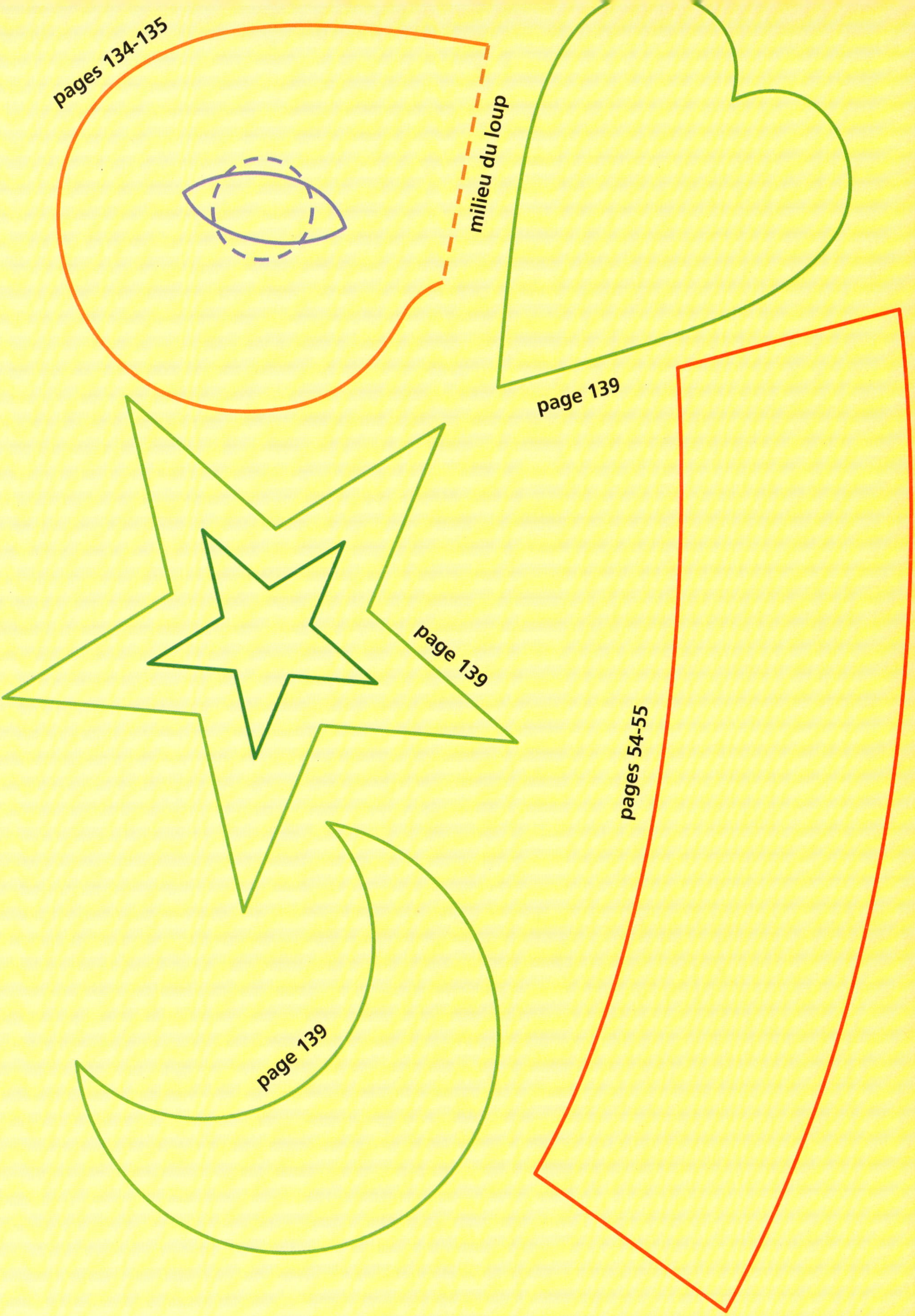
pages 134-135
milieu du loup
page 139
page 139
pages 54-55
page 139

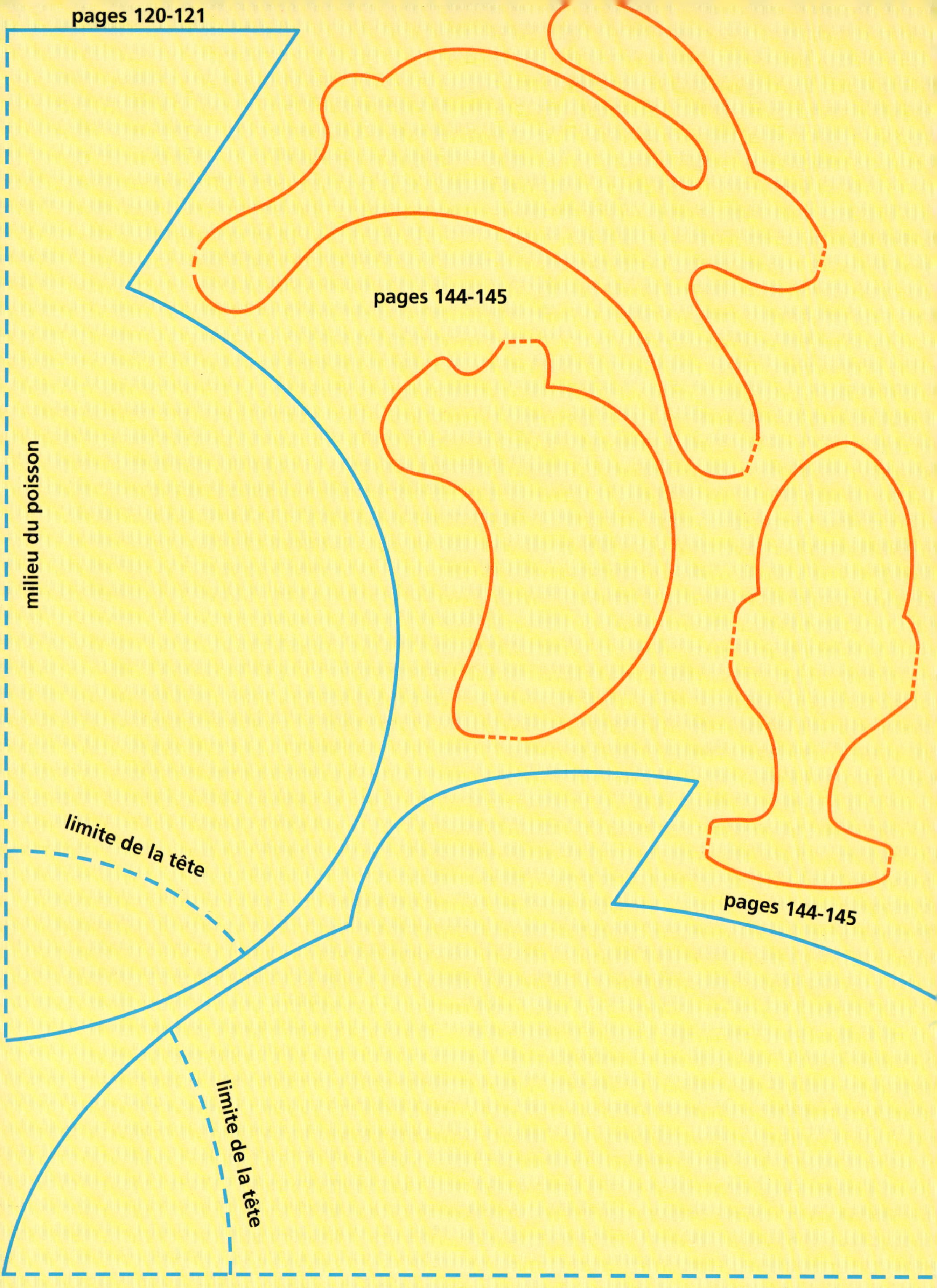
pages 120-121
pages 144-145
milieu du poisson
limite de la tête
limite de la tête
pages 144-145
milieu du poisson

pages 148-149

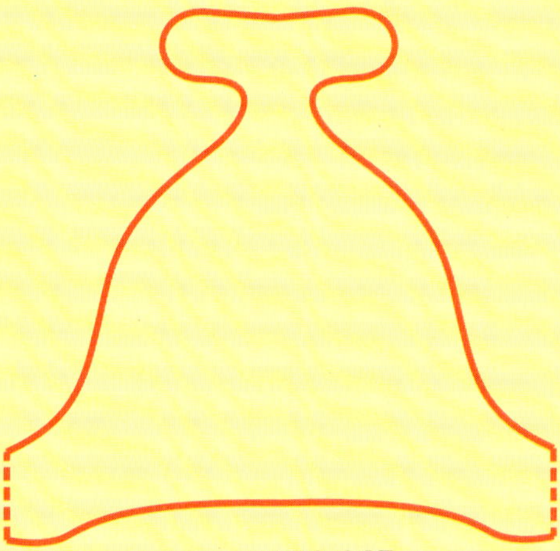

pages 144-145

pages 148-149

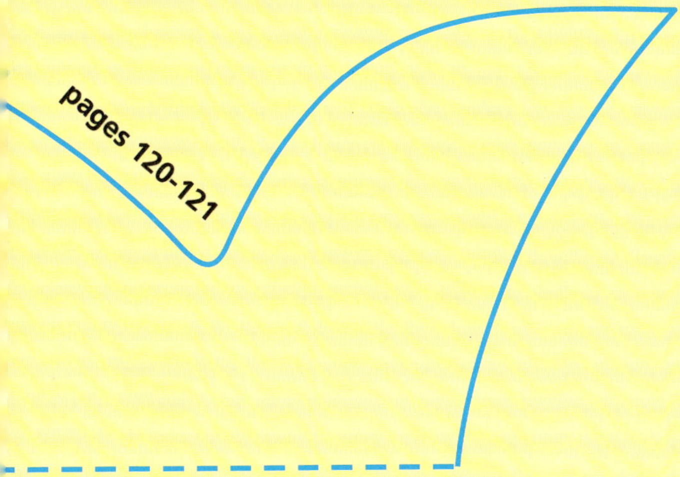

pages 120-121

pages 142-143

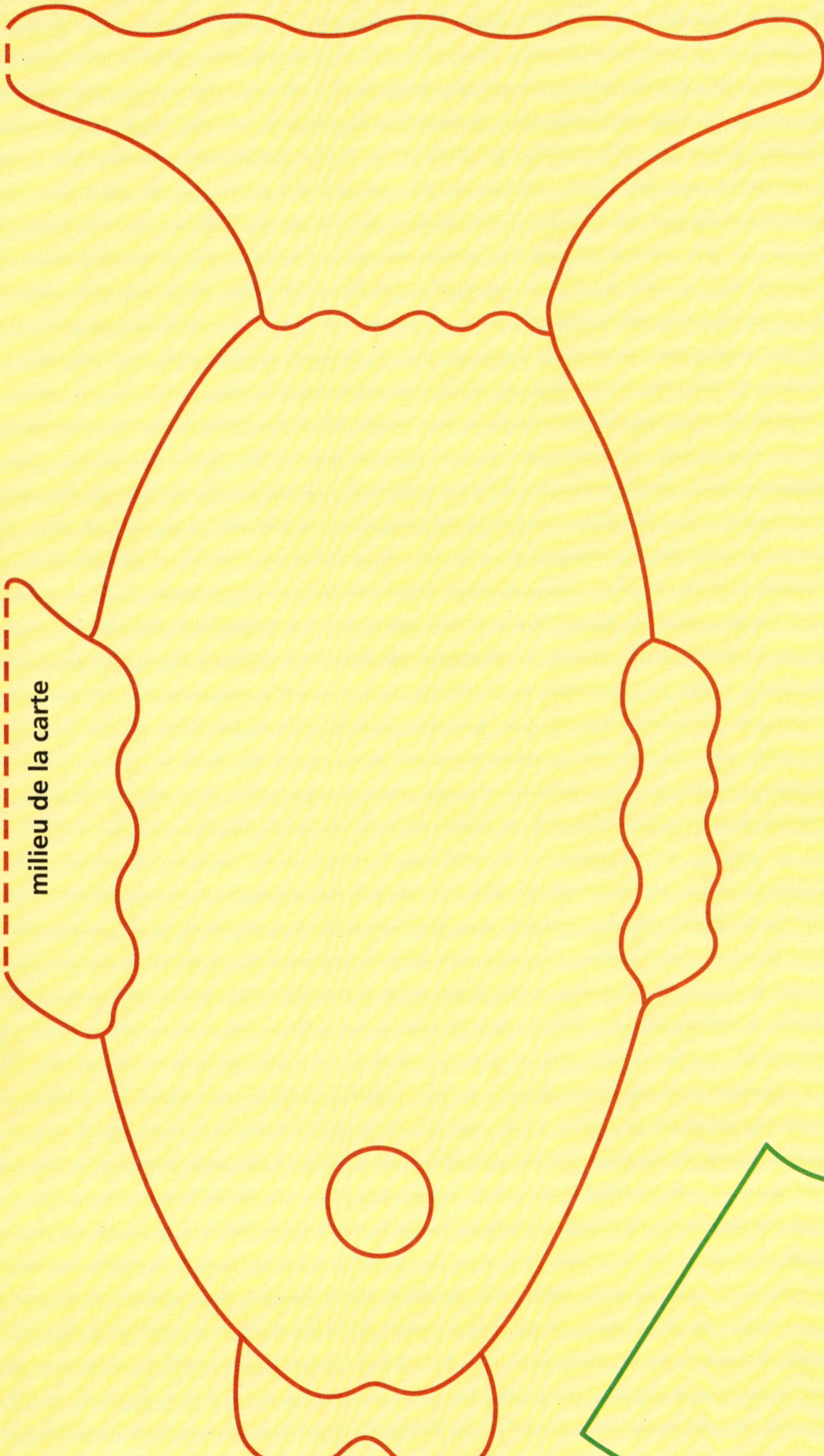

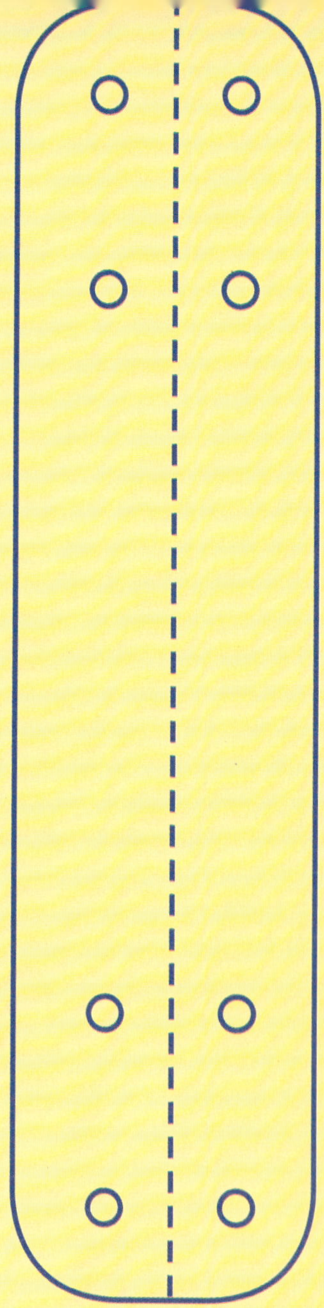

pages 152-153

pages 186-187

pages 142-143

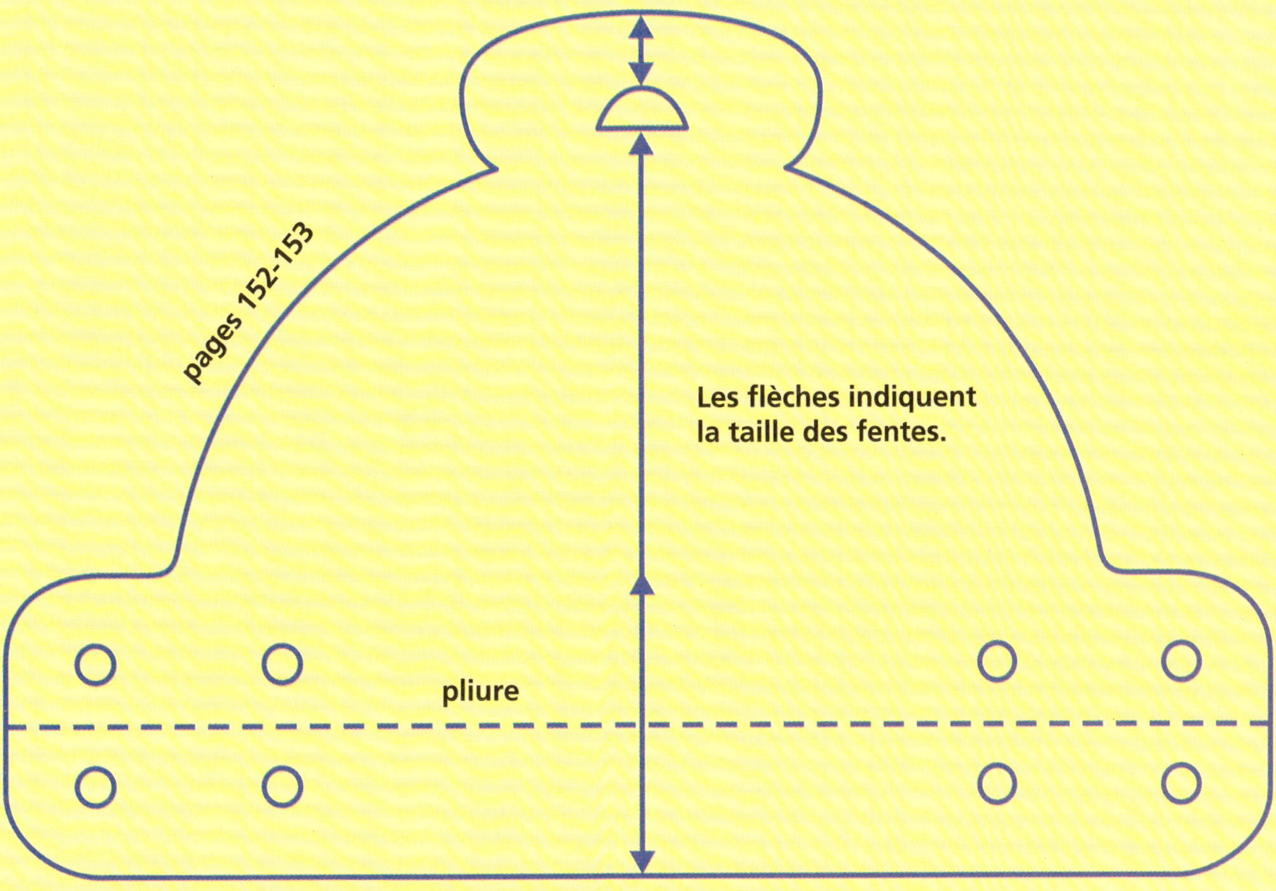

pages 158-159

pages 164-165

pages 158-159

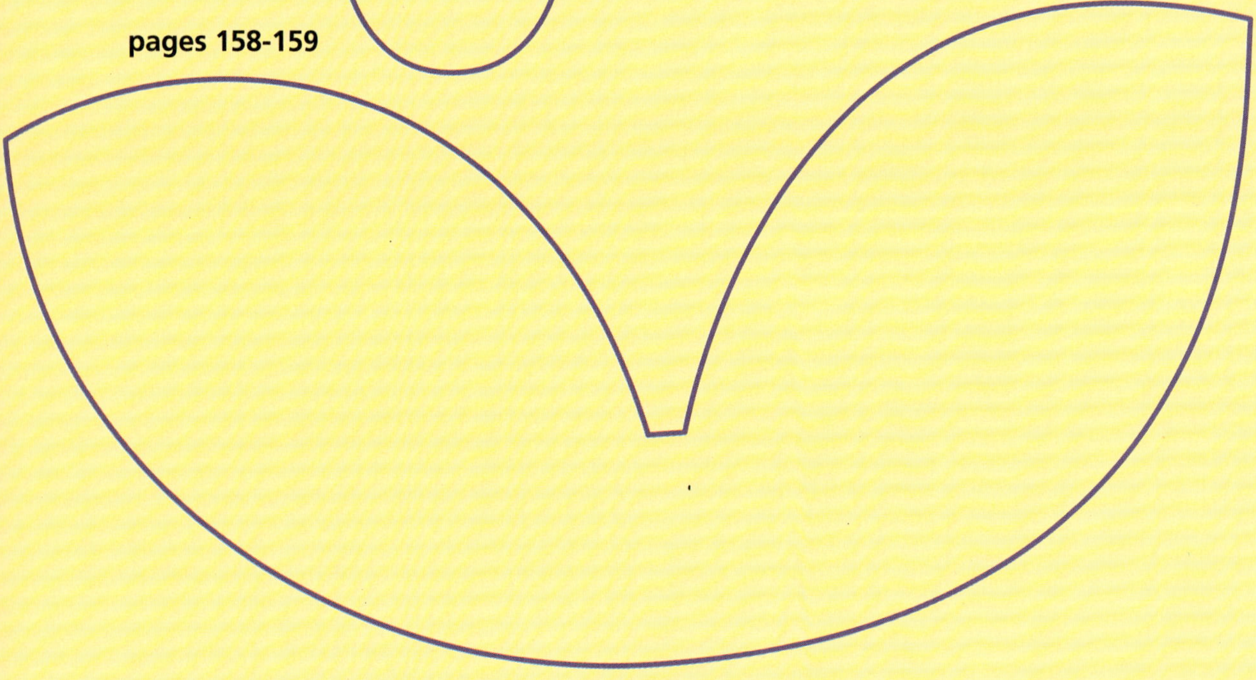

pages 164-165

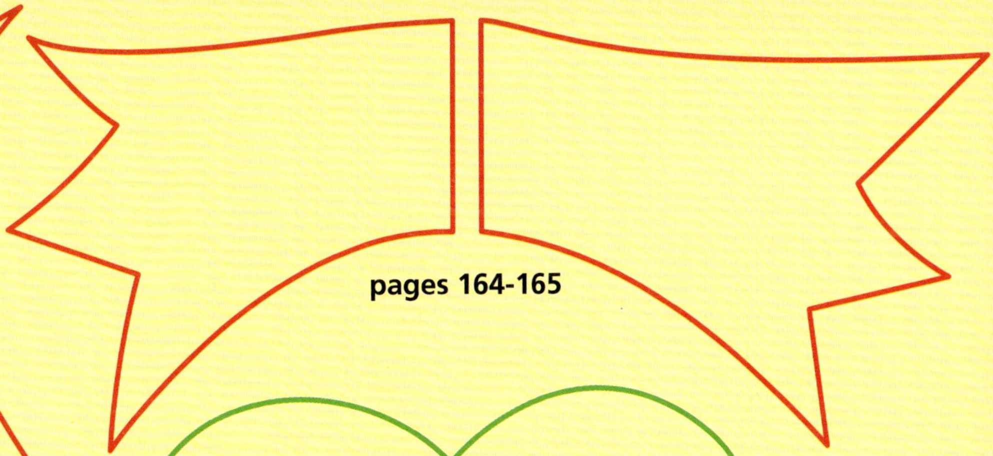

pages 164-165

pages 182-183

pages 182-183

pages 182-183

pages 178-179

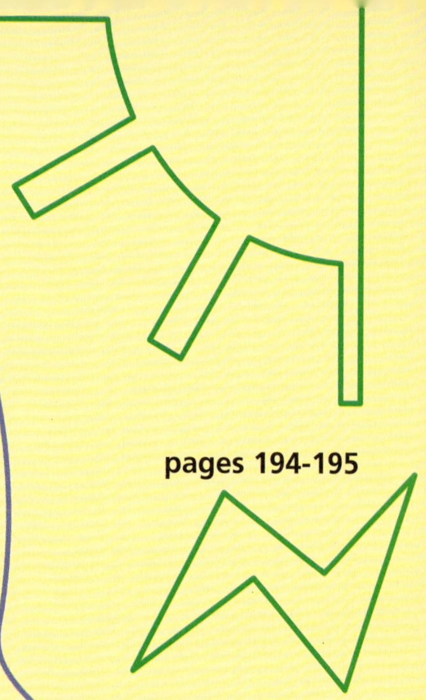

pages 194-195

pages 178-179

pages 194-195

pages 178-179

pages 180-181

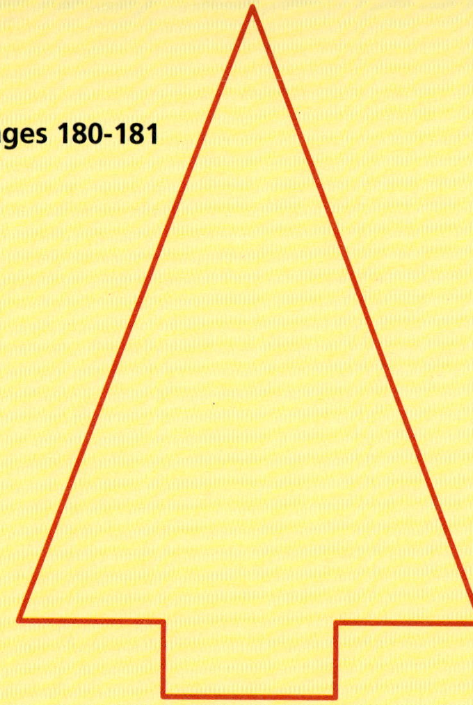

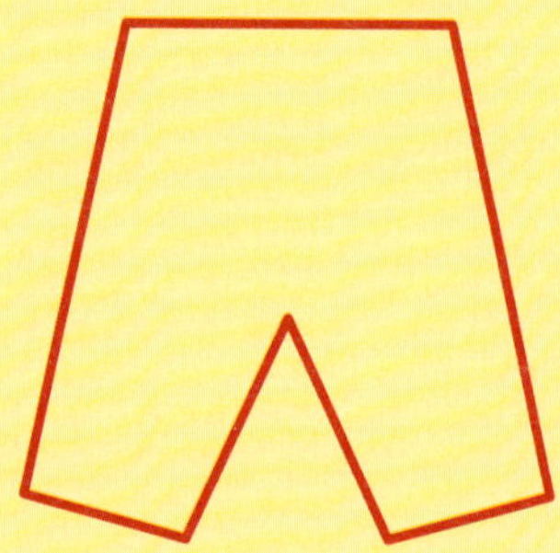

pages 180-181

pages 180-181

pages 202-203

pages 230-231

pages 202-203

Ont participé à cet ouvrage :

Réalisations :

Danièle Ansermet
pages 18-19, 52-53, 70-71, 78-79, 82-83, 136-137, 142-143, 178-179, 200-201.

Maïté Balart
pages 14-15, 22-23, 24-25, 40-41, 74-75, 76-77, 172-173, 176-177, 194-195, 206-207, 222-223.

Edith Barker
pages 20-21, 38-39.

Isabelle Bochot
pages 16-17, 42-43, 44-45, 46-47, 62-63, 80-81, 88-89, 120-121, 132-133, 182-183, 218-219.

Denis Cauquetoux
pages 28-29, 64-65, 108-109, 116-117, 140-141, 166-167, 208-209.

Marie Chevalier
pages 138-139, 154-155, 192-193, 224-225, 228-229.

Muriel Damasio
pages 56-57, 58-59, 66-67, 90-91, 128-129, 134-135, 152-153, 158-159, 198-199.

Lionel Gaunin
pages 92-93, 94-95, 188-189, 196-197, 212-213, 216-217, 220-221.

Sylvie Gillet
pages 32-33, 84-85, 124-125, 160-161, 174-175.

Vanessa Lebailly
pages 100-101, 112-113, 114-115, 126-127, 150-151, 164-165, 170-171, 226-227, 230-231.

Hélène Leroux-Hugon
pages 26-27, 30-31, 34-35, 96-97, 104-105, 146-147, 148-149, 162-163, 184-185, 202-203.

Fanny Mangematin
vignette ABC et pages 102-103, 106-107, 118-119, 180-181, 210-211.

Céline Markovic
pages 50-51, 60-61, 72-73, 98-99, 122-123, 144-145, 156-157, 186-187, 214-215.

Natacha Seret
pages 36-37, 54-55, 68-69, 110-111, 168-169, 204-205.

Illustrations en infographie :

Laurent Blondel
pages 5, 6-7, 8-9, 184-185, 186-187, 188-189, 198-199, 200-201, 202-203, 204-205 et les patrons des pages 234 à 255.

Léonie Schlosser
pages 10-11, 26-27, 28-29, 30-31, 32-33, 34-35, 36-37, 50-51, 72-73, 78-79, 80-81, 82-83, 84-85, 88-89, 90-91, 96-97, 98-99, 100-101, 102-103, 132-133, 134-135, 136-137, 138-139, 140-141, 150-151, 152-153, 154-155, 156-157, 158-159.

Catherine Helye
pages 14-15, 16-17, 18-19, 20-21, 22-23, 24-25, 52-53, 56-57, 58-59, 60-61, 62-63, 110-111, 112-113, 114-115, 116-117, 118-119.

Duo Design
pages 38-39, 40-41, 42-43, 44-45, 46-47, 54-55, 64-65, 66-67, 68-69, 70-71, 74-75, 76-77, 92-93, 94-95, 104-105, 106-107, 108-109.

Gilles Poing
pages 120-121, 122-123, 124-125, 126-127, 128-129, 142-143, 144-145, 146-147, 148-149, 160-161, 162-163, 164-165, 166-167, 168-169, 206-207, 208-209, 210-211, 212-213, 214-215, 216-217, 218-219, 220-221.

Vincent Landrin
pages 170-171, 172-173, 174-175, 176-177, 178-179, 180-181, 182-183, 192-193, 194-195, 196-197, 222-223, 224-225, 226-227, 228-229, 230-231.

Photographies :
Dominique Santrot

Conception graphique :
Isabelle Bochot

Mise en page :
Grain de Papier

Couverture :
Catherine Foucard

Contribution rédactionnelle :
Clotilde Vassallo

Direction éditoriale :
Christophe Savouré

Direction artistique :
Danielle Capellazzi

Édition :
Christine Hooghe

Stagiaire :
Géraldine Beauvois-Lemauf

Fabrication :
Catherine Maestrati,
Stéphanie Libérati

Loi n°49-956 du 16 juillet 1949 sur les publications destinées à la jeunesse.

15/27 rue Moussorgski, 75018 Paris
Dépôt légal : juillet 2005
ISBN 10 : 2-215-07817-0
ISBN 13 : 978-2-215-07817-3
2e édition - juillet 2006 - n° 92607

Photogravure :
IGS Charente Photogravure
Imprimé en CEE par Partenaires